묵 상 수 필 40

교실에서
인생의 지혜를
말하다

글   **엄태홍**
—

나를 소개할 수 있는 말을 찾지 못하겠다.
내가 누구인지 알 것 같기도 하고 모를 것 같기도 하다.
생년월일, 출신학교, 직업, 수상경력, 얼굴, 사회적 지위...
볼 수 있게 드러난 것들은 나 자신의 참 모습이 아니다.
늘 새롭게 변하면서, 마음을 날로 더욱 맑게 가꾸면서,
불변의 진리를 향해 날마다 힘차게 나아가고 싶다.
어떤 시인이 나를 두고 이렇게 말한 적이 있다.
"꿈과 지혜와 맑음을 간직한 소년!"
나는 그분의 이 표현을 참 좋아한다.

사진   **황인선**
—

"선생님 사진에는 힘이 들어 있어요"라는 말을 들으며
"제 사진에서 빈자리는 말씀의 자리"라고 답하는 사람

묵상수필 40
교실에서 인생의 지혜를 말하다

펴낸날 | 2016년 11월 1일

지은이 | 엄태홍
찍은이 | 황인선

펴낸이 | 백상우
꾸민이 | 강대현

펴낸곳 | 도서출판 아라미
주소_서울 마포구 토정로 192 진영빌딩 201호
전화_02)713-3257   **팩스**_02)6280-3257
전자우편_aramy777@naver.com
등록_제313-2009-131호

ISBN 978-89-97418-66-4   03190
CIP 2016013056

ⓒ 엄태홍

묵상수필 40
The Forty Meditative Essays

교실에서
인생의 지혜를
말하다

Wisdom Teachings in the Classroom

글 **엄태홍** | 사진 **황인선**

아라미

머 리 말

5년 전, 정년퇴직으로 학생들과 헤어졌지만
책을 통해 새로운 학생들과 만날 수 있다는 것은
비할 바 없는 기쁨이다.
「묵상수필 40」은 학생으로부터 동료교사로부터 학부모로부터
많은 사랑을 받았다.
이 책에는 입시위주의 교실에서 다루어지지 않는
자기발견과 세계이해의 지혜가 가득히 담겨 있다.
중학교 3년 반, 고등학교 28년 반, 그렇게 32년간 학생들과 만나면서
지식교육보다 지혜교육에 적극 호응하는 그들의 모습을 보았다.
이 책을 교과서 삼아 공부하던 도덕·윤리 수업 때마다
침묵 속에 경청하고 감동하며 눈망울을 반짝이던 학생들을 기억한다.

「묵상수필 40」은 오랜 교실체험을 바탕으로
학생들의 평생을 지탱해 줄 마음의 양식을 쌓아올린 책이다.
성현들과 석학들의 가르침을 섭렵하기 위해 많은 책을 읽었고
오래동안 숙고하고 깊이 묵상했으며
그분들의 가르침을 간결하고 평이하게 정리하기 위해 최선을 다했다.
인생의 의미와 가치를 추구하는 이땅의 모든 학생들이
이 책을 숙독하고 참되게 사는 법을 깨치기 바란다.
비교와 폭력이 난무하는 세상의 어둠을 진리의 빛으로 밝히기 바란다.

나는 꿈이 있었고 마침내 꿈을 이루었다.

학생들에게 꼭 필요한 책을 한 권 쓰고 싶은 꿈이었다.

지금 나는 새로운 꿈을 꾼다.

학생들의 서가에서 이 책이 가장 귀하게 자리하는 꿈을 꾼다.

통일 후, 북한출신 학생들도 이 책으로 바른 가치관을 세우는 꿈을 꾼다.

통일조국의 청소년들이 지혜와 사랑으로 하나되는 꿈을 꾼다.

「묵상수필 40」은 참으로 지혜의 눈을 뜨게 하고 사랑의 힘을 키워 주며

하나됨의 아름다움을 일깨우는 책이다.

가치관 형성이 이제 막 시작된 청소년들에게

이보다 더 바람직한 책이 없음을 확신한다.

절판의 위기에서 「묵상수필 40」의 수정본 출간을 기획하신

도서출판 아라미의 백상우 사장님께 감사드린다.

부족한 곳을 지적하시고 멋진 사진으로 책의 품위를 높여 주신

황인선 교수님께 감사드린다.

교실에서 만났던 모든 학생들에게 감사드린다.

그들과 함께 고민하며 탐색하는 과정을 통해 이 책이 탄생될 수 있었다.

격려해 주신 모든 이와 사랑하는 가족에게 감사드리고

이 책을 학생들에게 무상으로 배부했던 아내에게 특별히 감사드린다.

2016년 11월 1일   엄 태 홍

목 차

가르치는 것과 배우는 것
Teaching & Learning

죽은듯한 나뭇가지에 피어나는 봄꽃들은 기적奇蹟 miracle이라 아니할 수 없노라고 누군가가 찬탄하였다. 그러나 인간은 꽃보다 귀하다. 우리들 각자의 가능성을 꽃피워 자아실현을 이룩한다면 그것은 더욱 큰 기적이라 일컬어도 좋으리라. 교육의 첫째 목표는 자아실현自我實現 self-realization이다. 배우는 이들의 내면에 숨어 있는 가능성을 꽃피우도록 도와주는 것이 가르치는 이의 역할이다. 끊임없이 연구하는 가운데, 가르치는 이들도 배우는 이들과 마찬가지로 자신의 가능성을 활짝 꽃피울 수 있다. 그러므로 가르치는 일은 배우는 일과 마찬가지로 가슴 설레는 일이다. 가르치는 이들이나 배우는 이들 모두 진정한 자아의 실현을 성취하는 'miracle-maker'가 되기를 소망한다.

우리가 해야 할 일은 자신의 내면에 잠재潛在된 가능성을 잠재우지 않고 일깨우는 것이다. 성적이나 외모나 사회적 지위가 남보다 못하다고 해서 열등감에 빠지거나, 남보다 낫다고 해서 우월감에 빠져서는 안 된다. 열등감과 우월감은 둘 다 마음의 병이다. 중요한 것은 외부에 있지 않고 내면에 있다. 그러므로 외부적 우월성을 확보하는 것보다 내면적 위대성을 발견하는 것에 우리의 관심을 쏟아야 한다. 우리는 성공과 실패 사이에서 갈등하지 않는 초연함을 지닐 수 있다. 우리는 이기적 자아를 극복하고 이타적 자아로 성숙할 수 있는 잠재력이 있다. 우리는 고통과 죽음을 두려워하지 않는 자유인으로 도약할 가능성이 있다. 우리 안에 숨은 이러한 위대함의 씨앗을 꽃피우도록 가르치는 이는 우리 시대의 귀한 스승이다.

"나는 제자들에게 철학을 가르치지 않는다. 단지 철학하는 법을 가르칠 뿐이다."라는 Kant의 말이나, "고기 한 마리를 주면 하루의 양식이 되지만 고기 잡는 법을 가르쳐 주면 평생의 양식이 되리라."는 「탈무드」의 교훈은 스스로의 힘으로 이루어내는 것의 가치로움을 일깨우고 있다. 우리는 성현聖賢들로부터, 부모로부터, 교사로부터, 자연으로부터, 역사로부터, 많은 것을 배울 수 있지만, 우리자신을 가르칠 수 있는 결정적인 힘은 바로 우리 자신의 내부로부터 솟아 나온다. 그러므로 우리는 내면의 음성inner voice을 듣는 훈련을 해야 한다. 소란한 곳에서는 내면의 음성이 들리지 않으므로 때때로 특별한 장소에서 '침묵 수련하기'에 임해야 한다.

　내면에서 들려오는 가르침을 듣는 일과 그 가르침에 순종하며 살아가는 일은 결코 쉬운 일이 아니다. 그러나 인류의 위대한 스승들은 모두 그렇게 살다가 갔다. 그분들의 발자국을 충성스럽게 따라간다면, 우리도 그들처럼 위대한 발자국을 남길 수 있으리라. 「Reader's Digest」에서 다음과 같은 명언을 본 적이 있다. "기적은 가끔 일어난다. 그러나 기적이 일어나게 하자면 피눈물 나는 노력이 필요하다." 노력은 반드시 꽃을 피우고 결실을 맺는다. 그러나 miracle-maker로서 찬란한 삶을 살아갈 수 있음에도 불구하고, 안일하고 나태하게 자신의 잠재력과 가능성을 사장死藏시키는 이들도 있다. 이들은 비참한 말로를 자초한다.

　우리는 씨앗이다. 어떤 대가를 치르고라도 큰 나무로 성장하고 싶다. 많은 꽃을 피워 진한 향기를 허공에 가득 채우고 싶다. 결코 말라죽는 씨앗이 되고 싶지 않다. 세계교사라 불리던 크리슈나무르티Krishnamurti는 인격의 개화開花를 위하여 이렇게 가르쳤다. "당신은 당신자신의 스승이 되어야 하고 당신자신의 제자가 되어야 한다." You have to be your own teacher and your own disciple. 내 안의 스승은 지혜를 가르친다. 지혜는 내 안의 제자를 향기롭게 한다. 그러나 학교에서 배우는 것은 대부분 지식에 불과하다. 지식에는 향기가 없다. 내 안의 스승과 내 안의 제자가 지혜의 향기 속에서 하나 될 때, 비로소 자아실현과 인격완성이 이루어진다. 이를 '기적 중의 기적' miracle of miracles 으로 간주하고 싶다.

기적은 가끔 일어난다.
그러나 기적이 일어나게 하자면 피눈물나는 노력이 필요하다.

가진 자와 못 가진 자
Haves & Have-Nots

넉넉하게 살면서도 보다 많이 가지려고 하는 인간의 욕망은 끝이 없다. 가진 자는 '가난한 이를 위한 우선적 선택' preferential option for the poor을 외면하고 수전노처럼 되어간다. 수십만 원의 생활비가 없어 아이들과 함께 삶을 포기하는 부모의 자살 사건은, 타락한 정치인들과 경제인들 사이에서 오가는 수백억 원의 뇌물 사건과 선명하게 대조를 이루면서, 우리의 마음을 한없이 아프게 한다. 세계은행 World Bank과 국제통화기금 IMF을 운영하는 강대국들은 세계화 globalization라는 미명 하에 약소국들을 금융무기로 지배하는 국가 이기주의에 빠져있다. 전세계인구의 56%가 가난 속에서 고통을 받고 있다고 한다.

"중산층이 사라지고 있다."는 제목의 글을 신문에서 본 적이 있다. 빈부의 격차가 심해지고 있다는 내용이다. 가진 자와 못 가진 자의 갈등이 심할수록 민주주의의 미래가 불안해진다. 자유와 평등은 이율배반적인 측면이 있어서, 자유를 강조하면 평등이 위축되고 평등을 강조하면 자유가 위축된다. 정치적인 자유와 경제적인 평등을 동시에 누리기가 어려운 것이다. 자본주의의 확대를 의미하는 세계화의 추세를 거부할 수는 없지만, 자본주의의 수정을 통하여 사회적 갈등을 해결할 수는 있다. 자유와 평등의 조화를 위해, 가진 자들은 부富를 무제한으로 소유하고 부도덕하게 사용하는 생활방식을 개선해야 한다. 그러나 가진 자들에게서 그러한 모습을 찾아보기가 어렵다. 천민 자본주의, 병든 자본주의의 변신이 시급하다.

요즘의 학자들은 개인의 내적인 혁명을 강조하던 옛날의 학자들과 달리, 개인윤리와 사회윤리에 똑같은 중요성을 부여한다. 개인적 차원의 양심회복만으로 가진 자와 못 가진 자의 갈등이 해소되는 것이 아니라, 사회적 차원의 획기적인 제도개선이 이루어져야 한다는 것이다. 공감이 간다. 위정자爲政者들의 책임이 커졌다. 위정자들은 경제적으로, 사회적으로, 지적으로, 신체적으로 소외된 이들을 우선적으로 배려해야 한다. 못 가진 자도 가진 자와 마찬가지로 인간의 존엄성human dignity을 향유하고 삶의 품위를 유지하도록 도와야 한다. 못 가진 자의 눈물을 얼마만큼 닦아줄 수 있느냐에 따라 위정자들의 윤리수준이 결정된다. 윤리적으로

수준 높은 위정자는 못 가진 자들에게 희망을 줄 수 있다.

그러나 위정자들에게 궁극적인 희망ultimate hope을 둘 수는 없다. 복지제도가 가장 잘 되어있다는 스웨덴의 자살률이 세계 1위이고, 지구상에서 가장 빈곤한 나라인 방글라데시의 행복지수가 세계 1위라는 통계가 있다. 행복은 물질적 풍요에서 오는 것이 아님을 증명하는 통계이다. 악조건의 환경 속에서도 행복을 발견하는 일은 어렵기는 하지만 불가능한 것은 아니다. 인간의 정신은 어떠한 어려움도 헤쳐 나갈 수 있는 잠재력이 있음을 역사가 가르치고 있다. 오히려 어려움이 심할수록 더욱 빛나는 꽃을 피우는 것이 인간의 정신력이다. 예수도 가난한 이들에게 이렇게 선언하였다. "가난한 너희는 얼마나 행복한가. 하늘나라가 너희의 것이다." How happy are you who are poor: yours is the Kingdom of God.

가난한 자가 행복하다니! 깊이 생각해보자. 가난한 자는 살기 위해 필요한 최소한의 것으로도 만족할 줄 안다. 부유한 자는 필요이상의 재물을 쉽게 포기하지 못한다. 재물포기는 자아포기와 이어지고 자아포기는 자아초월로 이어진다. 자아초월은 인류의 꿈이다. 지혜로운 이들을 보자. 그들은 스스로 안 가진 자의 길을 가면서 못 가진 자와 하나가 된다. 하루1식 하기, 딱딱한 침상에서 자기, 성적^{性的} 충동을 뛰어넘기, 극빈자처럼 살아가기, 등등. 그럼에도 불구하고 그들은 가진 자보다 훨씬 신나게 살아간다. 그들의 청빈한 생활방식은 가진 자가 되도록 세뇌 받은 이들에게 신선한 자극이 된다. 그러나 탐욕으로 인해 재물의 노예가 된 사람들은 청빈에서 오는 정신적 풍요가 어떤 것인지 상상이나 할 수 있을까.

청빈에서 오는 정신적 풍요가...

결혼과 이혼
Marriage & Divorce

　　빗방울이 호수에 떨어져 작은 동그라미를 그린다. 작은 동그라미는 점점 커지면서 호수 저편까지 아름다움을 확산시킨다. 아름다움이란 언제나 작은 곳에서부터 출발한다는 것을 빗방울과 호수가 가르쳐주고 있다. 아름다운 세상도 아름다운 가정으로부터 시작된다. 가정의 아름다움이 파문을 일으키며 넓은 세상으로 전달되는 것이다. 결혼하여 가정을 꾸미고 사는 이들은 명심해야 한다. 사랑으로 만들어진 작은 동그라미가 나날이 크게 확장되어야 한다는 것을. 결혼이란 사랑하는 두 사람이 이루어놓은 마지막 작품이 아니라, 사랑의 완성을 향해 출발한 첫 작품에 불과하다는 것을. 두 사람의 행복을 넘어서 세상을 좀 더 살기 좋은 곳으로 변화시켜야 할 사명이 결혼생활 속에 부여되어 있다는 것을.

　　빗방울이 사라지며 호수와 하나 되듯, 결혼을 통해 우리는 '너'

와 하나 되기 위해 '나'가 사라지는 참 사랑을 배운다. 이 자기무화自己無化의 사랑을 익히지 못할 때, 꽃길인 결혼생활은 가시밭길로 변한다. 그 가시밭길 어딘가에는 이혼이라는 수렁이 있다. 해마다 증가하는 이혼율이 현재 40%를 넘어서고 있으며, OECD국가 중 3위를 달리고 있단다. 가슴 아픈 소식이다. 우리나라가 어쩌다 이렇게 되었는가. 사소한 부부싸움이 그 원인이란다. 양보와 인내와 용서의 미덕을 길러두지 못한 것을 한스러워 해도 이미 때는 늦다. 아이들은 졸지에 아빠나 엄마를 잃는다. 경우에 따라서는 고아처럼 버려지기도 한다. 이혼당사자 개인의 문제일 뿐 아니라 사회의 문제이기도 한다.

화목한 가정은 지상에서 볼 수 있는 천국이다. 뒤집어 말하면, 불목한 가정은 지상에서 볼 수 있는 지옥이다. 갈등을 벗어나기 위해 이혼을 결행하지만, 이혼 후의 삶에는 더 큰 갈등이 따른다. 갈등 없는 가정은 없을 것이다. 이혼으로 갈등을 해결하는 것만이 능사는 아니다. 갈등을 해결하는 과정에서 우리는 보다 지혜로워질 수 있다. "갈등이 없으면 성숙도 없다." Without conflict there is no growth. 배우자의 단점에는 눈을 감고 장점에만 눈을 뜨는 연습, 도저히 사랑할 수 없는 상황에서도 사랑하려고 애쓰는 의지적 노력이 우리를 지혜롭게 할 것이다. 소크라테스의 명언이다. "어진 아내를 만났다면 당신은 행복한 사람이 될 것이고, 못된 아내를 만났다면 당신은 지혜로운 사람이 될 것이다."

부부간에 트러블이 생겼을 때, 대체로 상대방에게 탓을 돌린다. 그러나 탓은 항상 나 자신에게 있다. 100% 그러하다. 나 자신이 지혜와 사랑으로 충일充溢하다면, 처음부터 트러블은 생길 수 없기 때문이다. 지혜나 사랑 같은 '내면의 능력' inner capacity이 빈약한 사람은 하릴없이 '외부의 대상' outer object에 집착하게 되며, 이 집착이 불만과 불목을 결과한다. 집착은 이기심의 발로일 뿐 결코 사랑이 아니다. 그러므로 배우자에 대한 나의 사랑이 집착인지 사랑인지 식별할 수 있어야 한다. 그리고 '내면의 능력'을 기르기 위해 정성을 다해야 한다. 자연에 대한 애정도 좋고, 예술에 대한 열정도 좋고, 신에 대한 헌신도 좋다. 부부가 각각 독자적인 정신세계를 지니고 살아갈 때, 부부의 사랑은 변하지 않는다.

칼릴 지브란 Kahlil Gibran의 「예언자 The Prophet」는 성경 다음가는 베스트셀러라고 한다. 이 책에는 부부의 영원한 사랑을 노래한 멋진 명상시冥想詩가 등장하는데, 이는 결혼식 때 축시祝詩로 낭송되기도 한다. 남편과 아내가 서로 독자적인 정신세계를 구축하도록 일깨우는 이 명상시는 다음과 같이 아름답게 마무리 된다.

"‥‥‥서로 저희의 빵을 주되 어느 한 편의 빵만을 먹지는 말라. 함께 노래하고 춤추며 즐거워하되 그대들 각자는 고독하게 하라. 비록 하나의 음악을 울릴지라도 외로운 기타 줄들처럼. 서로 가슴을 주라. 허나 간직하지는 말라. 오직 삶의 손길만이 그대들의 가슴을 간직할 수 있으리니. 함께 서 있으라. 허나 너무 가까이 서 있지는 말라. 사원의 기둥들도 서로 떨어져 서 있는 것을. 떡갈나무와 노송나무도 서로의 그늘 속에선 자랄 수 없으리니."

단점에는 눈을 감고 장점에만 눈을 뜨는...

고통과 기쁨
Suffering & Joy

　　"로키산맥 3천 미터 높이에는 수목 한계선 지대가 있다. 이 지대의 나무들은 매서운 바람으로 인해 곱게 자라지 못하고 무릎 꿇고 있는 모습을 한 채 있어야 한다. 이 나무들은 열악한 조건이지만 생존을 위해 무서운 인내를 발휘하며 지낸다. 그런데 세계적으로 가장 공명이 잘되는 명품 바이올린은 바로 이 무릎 꿇고 있는 나무로 만든다고 한다." 어느 책에선가 읽은 멋진 내용이다. 최고의 명품 바이올린 스트라디바리우스Stradivarius도 역시 로키산맥이나 알프스산맥의 고지대 나무로 만들었을 것이다. 엄청나게 추운 날씨로 인해 나이테가 촘촘하고 재질이 단단하여 다양한 음색과 정교한 표현과 아름다운 공명이 가능했을 것이다.

　　아름다운 영혼을 지니고 인생의 절묘한 선율을 내는 명품인간도, 아무런 고난 없이 좋은 조건에서 살아온 사람이 아니라, 온갖 역경과 아픔을 겪어온 사람이다. 음악가로서 청각마비라는 치명

타를 입은 베토벤의 경우, 그의 유서遺書에 기록된 바와 같이 자살을 생각할 만큼 절망의 극한을 체험했으나, "주어진 사명을 완수하지 않고는 죽을 수 없다."고 결단을 내린 이후, 놀랍게도 불후의 명작들을 쏟아내었다. 지구를 대표하는 음악이 된 그의 제 9 교향곡Symphony No. 9 4악장 '환희의 송가' An die Freude는 고통 속에서 쏟아낸 기쁨의 멜로디였으므로, 그는 "내 음악의 의미를 이해할 수 있는 사람은 어떠한 비참한 상황에서도 빠져 나올 수 있으리라."는 확신에 찬 메시지를 전할 수 있었다.

석가모니 부처님의 가르침대로 "인생은 고통이다." Life is suffering. 인생의 고통은 지극히 자연스러운 것이며 우리는 고통을 느끼지 못하는 식물인간이 되고 싶지는 않다. 식물인간은 고통을 모르지만 기쁨 역시 모르기 때문이다. 고통과의 싸움에서 이길 때, 고통은 놀랍게도 기쁨으로 바뀐다. 고통과 싸워 이기도록 우리에게 용기를 주는 명언들이 있다. "병든 조개만이 진주를 품는다." Only a sick oyster possesses the pearl. "골짜기가 깊을수록 산봉우리는 높다." "어둠이 깊을수록 별들은 더욱 선명하게 빛난다." "먹구름이 지나간 후의 창공은 더욱 맑다." "유능한 항해사는 바람과 파도를 항상 이용한다." "겨울이 다가오면 봄이 멀지 않았음을 생각하라." "하루 중 가장 어두울 때는 해뜨기 직전이다."

고통은 피할 수 없는 인간의 한계상황limit situation이다. 한계상황
이란 고통이나 죽음처럼 인간의 힘으로는 어찌할 수 없는 불가항
력적인 것으로서, 피할 수도 없으려니와 피하려고 하면 할수록 더
욱 큰 고통이 된다. 고통을 기꺼이 받아들이는 것은 고통의 짐을
가볍게 만들고 고통을 기쁨으로 변모시키는 가장 지혜로운 처방
이다. 석가모니 부처님의 가르침의 핵심은 '고통을 평화와 기쁨과
해방으로 변모시키는 것' transforming suffering into peace, joy, and liberation이었다.
고통이 기쁨으로 변모되는 그 놀라운 반전反轉에 대한 기대로 인하
여 우리는 어느 철학자의 용감한 고백처럼, "고통이여 오라! 고통
이 심할수록 내 가슴은 뛴다!"고 외칠 수 있다.

대장간의 쇳덩이가 불에 달구어져 두들겨 맞을수록 불순물이
제거되면서 예리하고 강한 칼로 변해가듯이, 슬픔과 고통은 우리
를 보다 순수하고 보다 민감하고 보다 강인하게 만들어 준다. 순
수함과 민감함과 강인함은 일상의 고통 속에서조차 신선한 기쁨
을 맛볼 수 있게 하는 우리의 정신적인 역량이다. 이제 우리는 "고
통 안에 기쁨이 있다." There is joy in suffering.는 역설逆說, paradox을 마음 깊
이 새기고, 고통을 두려워하기보다 사랑으로 끌어안는 연습을 해
야 한다. 서글픈 운명이라는 악기를 끌어안고 비범한 가락을 연
주했던 현자들의 명품인생을 닮지 않는다면, 우리는 어리석은 짝
퉁인생으로 살아갈 수밖에 없다.

고통을 평화와 기쁨과 해방으로...

과학과 종교
Science & Religion

　　진화론을 주장하는 과학과 창조론을 주장하는 종교는 오랜 세월을 서로 대립하였다. 그러나 '창조적 진화' creative evolution 또는 '진화적 창조' evolutionary creation의 개념이 등장하면서 과학과 종교의 화해가 시작되었다. 과학적 진리와 종교적 진리 사이에 아무런 모순이나 대립이 있을 수 없음을 이해하게 되었고, 과학과 종교는 서로에게 도움을 준다는 사실을 인정하게 되었다. 마침내 아인슈타인Einstein은 "종교 없는 과학은 불충분하고, 과학 없는 종교는 맹목적이다." Science without religion is lame, religion without science is blind.라고 말하기에 이르렀다.

　　과학과 종교는 관심분야가 다르다. 과학자는 물리법칙에 대해서 말하고, 종교인은 신의 존재여부를 말한다. 종교적 소양이 없는 과학자들이 신의 존재여부에 대한 토론에 참여할 수 없는 것과 마찬가지로 과학적 소양이 없는 종교인들이 물리법칙에 대한 토론에 참여할 수 없다. 그러나 종교적 탐구와 동시에 과학적 탐구에도 심혈을 기울인 선구자들 덕분에 과학과 종교의 대화가 가능할 수 있었고, 두 분야 모두에 깊은 소양을 가진 학자들이 많아졌으므로, 21세기에는 두 분야 간의 대화가 더욱 풍부하고 활발해질 것이다. 정진석 추기경은 「우주를 알면 하느님이 보인다」는 제목의 책을 써서 주목을 받은 바 있다.

「God for the 21st Century」라는 책에는 과학과 종교의 상호관계에 대한 50명의 세계적인 학자들의 글이 수록되어 있다. 한 부분을 소개한다. "과학은 기존의 지식에 의존한다. 적어도 당신 자신의 비전이 확고해지기 전까지, 당신은 기존의 위대한 지성들의 비전을 신뢰해야 한다. 종교에도 역시 위대한 인물들이 있다. 그들도 당신이 고민하고 있는 것과 똑같은 문제들로 고민했다. 상대성 이론을 스스로 이해할 수 있을 때까지 아인슈타인을 신뢰할 각오가 되어 있다면, 위대한 영적지도자들을 신뢰하지 않을 이유가 무엇인가. 과학은 어린이 같은 자세를 요구한다. 종교도 마찬가지다. '어린이 같은'이라는 표현은 경이감에 가득 차 타인들이 당연시하는 것들을 궁금해 하며 가능한 것의 한계를 두지 않는다는 의미를 지닌다."

"이 무한한 공간의 영원한 침묵이 나를 전율케 한다." 파스칼 Pascal의 「명상록」에 등장하는 구절이다. 경이감에 가득 찬 그의 삶이 이 한마디 속에 잘 드러난다. 과학적 탐구가 깊어질수록, 우주의 신비를 벗길수록, 인간의 지성으로는 해결하기 어려운 더욱 오묘하고, 더욱 놀라운 그 무엇이 등장한다. 대철학자 칸트Kant의 묘비에 새겨진 다음의 글은 우주와 자신에 대한 경외심을 훌륭하게 표현하고 있다. "아무리 생각해도 그리고 생각하면 생각할수록 점점 더 커지는 '놀라움과 두려움' wonder and awe에 휩싸이게 하는 것이 두 가지 있다. 밤하늘에 빛나는 별과 내 마음 속의 도덕률."

플라톤은 "철학의 시작은 놀라움이다." The beginning of philosophy is wonder. 라고 말한 바 있다. 꽃 한 송이를 보면서도 놀라던 어린 시절의 경이감은 어른이 된 후에도 간직되어야 한다. 과학적 열정과 종교적 열정은 그 출발점이 같다. '우주의 신비에 대한 경탄'이 바로 그것이다. 과학은 이성, 곧 아는 힘knowing power을, 종교는 신앙, 곧 믿는 힘believing power을 각각 구사하면서 우주의 신비를 벗겨간다. '이성'理性과 '신앙' 信仰은 인간이 신비의 세계, 진리의 세계로 비상하기 위해 필요한 두 날개이다. "알기 위해 믿고, 믿기 위해 안다." I believe in order to know, I know in order to believe.는 아우구스티누스의 고백은 이 두 날개가 서로에게 도움을 준다는 사실을 간명하게 일깨우고 있다.

비상하기 위해 필요한 두 날개...

금욕주의와 쾌락주의
Asceticism & Hedonism

쾌락pleasure은 즐거움이다. 즐거움은 때로 기쁨joy이나 행복happiness을 의미하기도 하지만, 기쁨이나 행복을 얻기 위하여 버려야할 것으로 여겨지기도 한다. 쾌락주의자들은 식욕과 성욕과 수면욕 등 인간의 육체적 욕구를 절제 없이 충족시켰을 때 오히려 고통스러운 상황에 직면하게 된다는 '쾌락주의의 역설' hedonistic paradox을 잘 알고 있었다. 그들은 '육체적 쾌락' physical pleasure이 아니라 '정신적 쾌락' spiritual pleasure을 강조하면서, 금욕주의자들과 마찬가지로 검소와 절제의 미덕을 실천하면서 살아갔다. 쾌락주의자들조차도 사치스럽고 무절제한 삶이 슬기롭지 못하다고 본 것이다.

절제 없는 쾌락은 극단적인 금욕과 마찬가지로 인간의 궁극적 목표인 행복에 도달하는 데 방해가 된다. 그러나 많은 젊은이들이 배금주의, 향락주의, 이기주의의 혼탁한 환경에 지배되면서 끝도 없이 쾌락으로만 빠져든다. 유흥가로, 오락실로, 도박장으로 바쁘게 몰려다니며 오락과 쾌락을 추구하는 데 몰두한다. 술과 담배와 음란비디오와 자위행위 등 일시적인 즐거움을 위하여 지속적인 기쁨을 버리는 어리석음을 범한다. 방황하는 젊은이의 마음이 정신적인 행복에 초점을 맞추지 않고, 한 때 육체적인 즐거움에 휩쓸리는 것을 이해할 수는 있다. 그러나 한껏 고결하게 변신할 수 있는 그들의 인생이 언제까지나 저급한 상태에 머무는 것을 용납할 수는 없다.

육체적인 쾌락을 과감하게 버릴 때에만 우리는 정신적인 기쁨에 눈뜨기 시작한다. 몸에 집중되었던 우리의 맘을 얼에 집중시킬 때, 우리는 '우리 존재의 핵심' essence of our being과 만나기 시작한다. 행복은 '밖'에 있지 않고 '안'에 있음을 볼 수 있게 된다. 쾌락은 일시적인 것이고 기쁨은 영원한 것임을 이해하게 된다. 아무런 의미가 없어보이던 자신의 삶이 놀라운 의미로 가득 차 있음을 확인하게 된다. 귀찮아서 또는 두려워서 피하기만 했던 내면의 음성을 차분히 들을 수 있게 된다. 오락이나 쾌락에 쏟아 붓는 시간이 아깝게 느껴지고, 지루하기만 했던 내적 성찰의 시간이 가치롭게 느껴진다. 가히 코페르니쿠스적 전환이라 아니할 수 없다.

금욕주의를 내세운 스토아학파와 쾌락주의를 내세운 에피쿠로스학파는 각각 부동심不動心 apatheia과 평정심不靜心 ataraxia을 인생의 최고목표로 삼았다. 단어는 다르지만 둘 다 지속적인 행복을 누리는 마음의 상태이다. 우리 인생의 최고목표도 이와 다를 수 없다. 그러나 우리는 별로 만족스럽지 못한 쾌락을 추구하느라 늘 흔들리면서 마음의 평화와 고요를 누리지 못한다. 인생을 너무 쉽게만 살려고 하기 때문이다. 아무리 힘들지라도 지속적인 행복을 성취하기 위하여 세상의 유혹과 싸우는 일을 한 순간도 늦추지 말자. 행복은 쉽게 얻어지는 것이 아니다. 행복은 인내와 분투의 결과물이다. 외부세계로만 향하는 우리의 관심을 내면세계로 돌리기 위해 우리는 끊임없이 자숙하지 않으면 안 된다.

소피스트들의 영향을 받은 에피쿠로스학파와 견주어볼 때, 스토아학파는 소크라테스의 맑은 정신을 고스란히 계승하였고, 감각적 욕망을 극복하는 데 있어서 훨씬 더 엄격했을 뿐 아니라, 타인에 대한 의무감이라는 이타주의적 원칙을 중시하였다. 많은 철학자들 중에서 특별히 '철인' 哲人이라 불리는 스토아학파의 에피크테투스Epictetus는, 제자들이 환경에 지배되지 않는 사람이 되도록 다음과 같이 가르쳤다. "행복은 오로지 안에서만 발견될 수 있다." Happiness can only be found within. 내면세계에서 정갈한 행복을 발견한 사람이 혼탁한 외부환경에 지배되는 일은 결코 없을 것이다.

행복은 오로지 안에서만 발견될 수 있다.

내면세계와 외부세계
Inner World & Outer World

　　물에 대한 놀라운 보고서, 「물은 답을 알고 있다」는 제목의 책이 있다. 사람의 마음에 따라 물이 생명체처럼 각각 다르게 반응하는 것을 사진으로 촬영해 놓은 책이다. 사랑의 마음으로 물을 대하면 눈의 결정처럼 아름답게 정돈된 6각형을 보이기도 하고, 폭언과 저주를 퍼부으면 불규칙하게 헝클어진 모습을 보이기도 한다. 보이지 않는 마음에너지가 물 결정에 영향을 준다는 것이 신기하기 짝이 없다. 인체의 70%는 물로 되어 있으니, 사랑의 마음이 몸까지 변화시킬 수 있음을 부인하기 어렵게 되었다. "사람은 나이 40이 되면 자기얼굴에 책임을 져야 한다."는 링컨Lincoln의 명언이 더욱 준엄하게 들린다. 얼굴뿐만 아니라 세상을 변모시킬 수 있는 긍정적인, 또는 부정적인 에너지가 우리 내부에 존재하는 것이다.

　　"외부세계는 내면세계의 투영이다." The outer world is a projection of the inner world. 마음이 사랑으로 가득 차 있을 때, 세상은 아름다움으로 가득 차 있다. 그러나 마음이 증오로 가득 차 있을 때, 세상은 추함으로 가득 차 있다. 세상의 아름다움과 추함은 전혀 문제가 되지 않는다. 문제가 되는 것은 전적으로 우리 마음의 아름다움 또는 추함이다. 필름의 내용물이 영사기를 통해서 거대한 스크린에 비춰지는 것처럼, 마음의 모습이 투영되어 세상의 모습으로 확대되는 것이다. 그러므로 우리는 세상의 추함을 탓하기보다 아름답지 못한 자신을 탓해야 한다. 외부의 상황이 우리를 아무리 곤혹스럽게 할지라도, 우리는 항상 자신의 내면에 시선을 집중해야 한다.

팔만대장경의 핵심을 한마디로 요약하여 '일체유심조'一切唯心造라고 한다. "모든 것은 오직 마음이 만들어낸다."는 뜻이다. 천국과 지옥도, 성령과 악마도, 결국은 마음이 만들어낸다. "마음이 깨끗하면 성령이 되고, 마음이 더러우면 악마가 된다."는 류영모 선생의 가르침을 깊이 음미하고 싶다. 불교에서 가르치는 육도윤회 六道輪廻 역시 중생의 마음상태에 따라 천상, 인간, 수라, 축생, 아귀, 지옥의 여섯가지 길을 윤회한다는 것이다. 중요한 것은 지금 이 순간 우리가 수성獸性이나 마성魔性을 잠재우고, 신성神性 또는 불성佛性을 깨워 일으키는 일이다. 내면의 신성 또는 불성을 꽃피울 때에만, 우리는 윤회의 굴레를 벗어나 영원히 지속되는 행복을 누릴 수 있다.

　노벨문학상에 빛나는 메테를링크Maeterlinck의 '파랑새' 이야기는 참으로 중요한 메시지를 우리에게 전해주고 있다. 꿈 속에서 온 세상을 헤매며 파랑새를 찾던 남매 치르치르Tyltyl와 미치르Mytyl는, 꿈에서 깨어나면서 파랑새가 여느 때처럼 집 안에 있음을 발견하고 새삼스럽게 기뻐한다. 행복을 상징하는 이 새를 외부에서 찾아 헤매는 한, 우리는 허망한 꿈을 꾸는 자에 불과하다. 행복이 자신의 내면에 자리잡고 있음을 알아차리는 순간, 꿈에서 깨어난 남매처럼 우리는 더 이상 방황하지 않게 된다. 외부세계의 허상虛像 illusion에서 벗어나 비로소 내면세계의 실상實相 reality을 보게 된다. 행복이란 결국 자신 안에 있는 부정적인 에너지를 긍정적인 에너지로 변모시키는 것임을 알게 된다.

　"우리자신 안에서 만족을 발견할 수 없다면 그것을 다른 어느 곳에서 찾는 것은 부질없는 일이다." When we cannot find contentment in ourselves, it is useless to seek it elsewhere. 갖가지 명칭의 방들… 만화방, 노래방, 소주방, 게임방, 비디오방, 전화방 등. 그러나 우리 안에 있는 '마음 방'이 빈궁하다면 우리 밖의 모든 방은 아무런 의미가 없다. 오직 내면을 찬란하게 가꾸어 가는 자만이 외부의 모든 방들도 따스하게 바라볼 줄 아는 넓은 가슴이 된다. 부디 허망한 꿈이 아니기를! 내면세계와 외부세계가 둘로 느껴지지 않을 만큼 넓디넓은 가슴의 소유자가 되고 싶은 것이... 그리하여 더 이상 밖에서 무언가를 찾아 헤매는 일 없이, 다만 그 넓은 가슴으로 인하여 끝없이 기뻐할 수 있기를!

마음이 사랑으로 가득 차 있을 때...

동양 사상과 서양 사상
Eastern Thought & Western Thought

「동양정신과 서양정신의 만남」이라는 책의 표지에 좌선하고 있는 예수의 그림이 있었다. "예수가 석가처럼 앉아서 명상하고 있다면, 예수처럼 십자가에 못박힌 석가도 있어야 하지 않겠는가."라고 생각하던 차에, 과연 인사동 '툇마루'라는 음식점에서 멋진 작품을 발견했다. 앉아있는 예수 뒤에 십자가에 못 박힌 석가의 모습이 잘 어울려진 동상銅像이었다. 음식점 주인 박중식 시인이 조각가인 친구의 작품을 가져왔노라고 했다. 석가와 예수는 각각 동양사상과 서양사상을 대표한다. 고행과 명상으로써, 또 기도와 헌신으로써 진리를 찾아간 길이 서로 다르긴 했지만, 두 분 모두 진리와 하나 된 인류의 영원한 스승임을 부정할 수는 없다. 진리 안에 사는 자는 예수 안에서 석가의 모습을, 석가 안에서 예수의 모습을 발견한다.

모든 악을 끊어버리고 진리를 향하여 강하게 전진하는 역동성

力動性은 서양사상이 강조하는 것이고, 진리의 세계가 이미 우리 안에 자리 잡고 있음을 열린 마음의 눈으로 받아들이는 수용성受容性은 동양사상이 강조하는 것이다. 역동성과 수용성은 둘 다 필요한 것이지만, 동양인인 우리는 역동성보다 수용성에 더 친근감을 느낀다. "하느님 나라가 가까이 있다." The Kingdom of God is near.고 하면서 역동적 회개悔改를 촉구한 세례자 요한의 모습과, "하느님 나라는 너희 안에 있다." The Kingdom of God is within you.고 하면서 수용적 회심回心을 촉구한 예수의 모습이 묘한 대비를 이룬다. 예수의 가르침은 마음의 눈을 뜰 수 있도록 일깨운 석가의 가르침과 다르지 않음이 확인된다.

고통과 기쁨, 선과 악, 삶과 죽음, 시간과 무시간, 깨달음과 어리석음, 이 세상과 저 세상 등, 대립되는 상황들을 둘로 나누지 않는 동양인의 무분별적 지혜無分別的智慧는 예수와 석가에게서 그 근원을 찾아도 좋으리라. 그러나 많은 서양인들은 이분법적 사고二分法的思考에 젖음으로써 예수의 정신을 곡해하였다. 백 번, 천 번의 회개보다 마음의 눈을 뜨는 단 한 번의 회심이 더 중요하다는 것을 그들이 이해할 수 있을까. 죄에 초점을 맞추지 않고 은총에 초점을 맞추는 삶이야말로 그리스도인의 참된 영성靈性 spirituality임을 그들이 수긍할 수 있을까. 시·공간을 초월한 진리의 세계, 그 하느님 나라가 바로 지금 여기에서 이루어지고 있음을 그들이 감지할 수 있을까.

목숨보다 중요한 것은 진리이다. 마하트마 간디의 명상노트 1번에 "Truth is God."이라고 기록되어 있듯이 진리는 하느님이다. 석가와 예수, 두 분 모두 죽음을 두려워하지 않는 용기로써 진리를 향한, 하느님을 향한 열정을 불태웠다. 어느 날, 마음의 눈이 밝게 열려 한 분은 열반涅槃 Nirvana을 체험했고, 또 한 분은 신국神國 Kingdom of God을 바라보았다. 그리고 바위처럼 견고한 신념으로 깨달은 진리를 선포하였다. 그분들은 세상을 떠나기 전에 이미 영원한 생명을 획득함으로써, 절대자의 경지에 뛰어들었다. 그리하여 지금, 이 어두운 세상을 비추는 빛으로 무궁토록 영광스럽게 빛나고 있다. 우리가 그분들처럼 세상의 빛이 되지 못할진대 그 빛을 비추는 거울이라도 되어야 한다.

불교와 그리스도교를 아름다운 두 송이 꽃으로 묘사한 틱낫한 Thich Nhat Hanh 스님은 예수상과 석가상을 동시에 모셔놓고 경배하는 분이다. 새 천년을 맞이하여 동양과 서양의 조화로운 공존을 희망하는 인류에게 기쁜 소식이 아닐 수 없다. 절대자에 대한 경배는 우리의 영혼을 생기 있게 한다. 예수와 석가 두 분 중 어느 한 분을 경배하든, 두 분을 함께 경배하든, 자신의 신앙을 최선의 선택이라 믿으면서, 최고의 정성으로 경배함으로써, 우리는 부족함 없는 정신 에너지 spiritual energy를 얻을 수 있을 것이다. 그리고 이 정신 에너지의 따뜻함과 강력함은 동·서양의 사상적 장벽을 한순간에 사라지게 할 것이며, 현구동서 現舊東西의 분간 없이 '단 하나의 진리' only one truth만이 존재함을 체득하게 할 것이다.

세상을 떠나기 전에 이미 영원한 생명을...

머리와 가슴
Head & Heart

　　머리로 사는 것과 가슴으로 사는 것은 다르다. 머리로
는 지식을, 가슴으로는 지혜를 얻는다. "지식은 힘이다." Knowledge
is power.라고 말한 이도 있었지만, "지혜는 초강력 힘이다." Wisdom is
superpower. 머리가 아닌 가슴으로 사는 사람은 행복한 사람이다. 행
복은 생각하는 것이 아니라 느끼는 것이다. 생각하는 힘 thinking power
은 필요한 것이지만 느끼는 힘 feeling power은 중요한 것이다. 요즘은
IQ보다 EQ 쪽에 무게를 두는 사람들이 많아지고 있다. 다니엘 골
먼 Daniel Goleman박사는 지능지수와 감성지수를 결합시킨 '감성지능' 感
性知能 emotional intelligence을 강조하기도 했다. 따스한 가슴과 차가운 머
리가 결합된다면 보다 완벽한 능력을 지닌 인간이 될 것이다.

　　중요한 것이 필요한 것보다 우선되어야 함에도 불구하고, 대부
분의 학교에선 입시공부 때문에 마음공부는 뒤로 밀린다. 감성훈
련이 결여된 단순한 지식습득은 학생들에게 독毒이 될 수 있다. 세

상의 아름다움과 신비로움을 느끼지 못하는 아이들에게 무엇을 기대할 수 있을까. 사랑하는 마음 없이 바쁘게 움직이는 머리는 자신의 이득만을 계산하거나, 과거 또는 미래에 강박적으로 얽매이거나, 고정관념의 늪에 깊이 빠져버린다. 이런 폐쇄적 성향으로는 타인과의 올바른 관계를 맺기도 어렵고, 세상과의 내적 교류도 가능하지 않다. 차라리 아는 것이 없을지라도, 일상의 삶 속에서 '일일신 우일신' 日日新 又日新, 곧 "나날이 새롭고 또 날로 새롭다." 고 외치는 위대한 감성의 소유자가 되는 것이 훨씬 바람직하지 않겠는가.

현자들은 '아는 것으로부터의 자유' Freedom from the Known를 강조한다. 아는 것이 우리를 속박하므로, 아는 것을 남김없이 없애 버릴 때 자유로울 수 있다는 것이다. 아테네 신전에서의 신탁을 통해서 가장 지혜로운 자로 지목되었던 소크라테스는 다음과 같은 멋진 말을 남겼다. "내가 아는 유일한 것은 내가 아무 것도 모른다는 것이다." The only thing I know is that I know nothing. 무언가를 알고 있다고 자부하는 이들은 과거로부터 축적된 지식에 집착함으로써 새로운 것을 받아들이기가 어렵지만, "아무 것도 모른다."고 고백하는 겸허한 이들은 항상 무언가를 배우려는 호기심과 더불어 '지금 여기' Here and Now에서 이루어지는 새로운 상황에 민감하게 반응할 수 있다.

예로부터 지혜로운 선비들은 "뱃속에 밥이 적어야 하고, 입 속에 말이 적어야 하고, 머리 속에 생각이 적어야 한다."고 가르쳤다. 생각이 적다 못해 아주 없어진다면 그거야말로 최선의 상태가 아닐까. 생각이 사라진 무념無念 no thinking의 경지에 이르는 것이야말로 모든 도인道人들이 한결같이 꿈꾸던 바가 아니었던가. "자신의 머리를 잘라 가슴 속에 품고 살아간다."는 표현에는, 생각을 소멸시킴으로써 세상과 하나 되려는 간절한 소망이 담겨있다. 간절함이 지극하다면, 마음을 다해 소망한다면, 우리가 해내지 못할 일은 없다. 우리는 '마음다함' mindfulness으로 세상과 하나 될 수 있다. 세상과 하나 될 때, 우리의 두뇌는 필요한 순간마다 적절하게 작동될 것이다. 애정 깊은 사람은 사려 깊은 행동을 하게 마련이다.

　무념의 상태에 진입한 순간, 우리 안에 대우주의 영롱한 생명력이 스며들어온다. 그 생명력으로 인하여 우리의 가슴은 따스하게 되고, 가슴이 따스할 때 우리의 머리는 기민하게 움직이기 시작한다. 그러나 대부분의 사람들은 어린이 같은 단순성을 상실하고 복잡한 상념想念 속에 빠짐으로써 생명력 없는 냉한 가슴으로 살아간다. 세상의 눈부심과 매일의 신선함을 느끼지 못한 채, 무관심과 무열정의 삶을 기계처럼 반복하는 것이다. 필요한 것에 초점을 맞춤으로써 중요한 것을 외면한 결과는 이렇게 비참하다. 우리는 필요한 것과 중요한 것을 슬기롭게 식별할 줄 알아야 한다. 그리고 "중요한 것에 초점을 맞출 때, 필요한 것은 덤으로 주어진다."는 성현들의 가르침을 망각하지 말아야 한다.

세상의 눈부심과 매일의 신선함을...

문명과 자연
Civilization & Nature

문명의 총아寵兒라고 일컬어지는 자동차나 TV가 우리에게 많은 유익을 가져다 주는 것은 사실이다. 그러나 자동차는 교통사고와 배기가스로 우리를 죽음으로 몰아가고, TV는 선정성과 폭력성으로 우리를 바보가 되게 한다. 문명의 이기利器는 우리에게 편리便利를 제공하지만 행복幸福을 선물하지는 않는다. 편리함에 길들여지면 불편함을 참아내지 못하는 조급함과 나약함이 우리의 정신을 시들게 한다. 시들지 않는 정신을 간직하기 위해 우리는 자연 속에서 많은 시간을 보낼 필요가 있다. '자연은 정신생활의 으뜸 원천' Nature is the prime source of the spiritual life.이기 때문이다.

위대한 정신은 벽돌과 시멘트로 된 교실이 아니라, 때 묻지 않은 자연의 숲 속에서 움트는 법이다. 물리학자들의 말대로 자연으로부터 발산되는 전자기파가 사람의 뇌파에 '동조현상'同調現象을 일으킴으로써 자연과 하나 되는 느낌을 갖게 하는 모양이다. 인

디언 소년들은 일정한 기간 동안 사색과 명상의 시간을 마련하기 위하여 홀로 숲 속에서 지냈다. 밤하늘의 별빛과 계곡의 물소리와 살랑거리는 미풍을 보고 듣고 느끼면서 이루어지는 자연과의 일체감이 그들의 삶을 더 없이 풍요롭게 하였다. 전원생활을 꿈꾸던 이들이 용기를 내어 번잡한 도시를 떠나 산골로 이사를 간다. 때가되면 나도 지리산이나 한라산 기슭에 둥지를 틀고 여생을 자연과 벗하며 살고 싶다. 지금은 관악산 산책으로 만족할 수밖에 없다.

관악산 산책은 새벽 2시쯤에 시작된다. 하루라도 긴장을 늦출 수 없다. 학생들의 평생을 지탱시킬 '정신의 양식'을 마련하기 위해 먼저 나 자신의 내면을 산의 맑은 기운으로 채워야 한다. 요즘은 혼자 듣기 아까울 만큼 풀벌레의 합창소리가 환상적이다. 인터넷을 검색하면서 새로운 정보를 입수하는 기쁨과는 비교가 되지 않는다. 하루가 이렇게 신바람으로 시작되었으므로 신바람으로 끝날 것이다. 신학자들은 산山이 '신神을 만나는 자리'라고 한다. 산신령이든, 위대한 정령이든, 야훼든, 하느님이든, 알라든, 부처님이든, 절대자의 이름은 중요하지 않다. 자연 속에 깃든 '나보다 큰 힘' greater power than myself을 긍정하고 그 힘으로 신바람 넘치는 매일을 살아갈 수 있다는 것이 중요할 뿐이다.

문명을 벗어나 자연의 품에 안겨 평생을 홀로 살아간 '자연 사랑'의 영웅, 헨리 데이빗 소로우Henry David Thoreau를 기억하지 않을 수 없다. 그는 '월든' Walden 호숫가에 통나무집을 짓고 살면서 매일 새벽마다 호수 주변의 산천을 4시간 이상 걸으면서 숲의 아름다움을 찬양하였다. 확신에 넘치는 그의 가르침들은 가슴을 울린다. "얼마나 중요한 일인가, 도덕적이고 지적인 건강을 유지하기 위해서 자연과 지속적인 관계를 맺으며 자연현상을 응시한다는 것은! 학교나 직장에서는 결코 이와 같은 마음의 평온을 얻을 수 없으리라." "영혼을 깨어있게 하고 싶으면 오래 걸어 보라, 폭풍우 치는 벌판과 숲과 눈밭을. 맞서 보라, 거친 자연에. 떨어 보라, 추위와 허기에."

학자들은 인류문명의 위기를 논하고 있다. 문명의 발전을 위하여 인간이 오만하게 멋대로 자연을 조작하고 훼손시킴으로써, 생명의 근원인 자연과의 유대를 상실해간다는 것이다. 대자연大自然 Mother Nature은 모든 생명을 낳아주고 길러주는 '어머니'이다. 어머니인 자연과의 관계가 단절될수록 생명은 위협을 받는다. 생명은 가장 소중한 가치로 존중되어야 함에도 불구하고, 지구촌 곳곳에서 죽음 또는 죽음의 위협을 전하는 뉴스는 그칠 날이 없다. '죽음의 문명'이 '생명의 문명'으로 전환될 수 있도록 우리는 자연과

의 유대를 회복해야 한다. 자연 친화적인 생명윤리의 탐구와 실
천만이 새 천년을 살아가는 인류의 희망이다.

맞서보라, 거친 자연에. 떨어보라, 추위와 허기에.

물질과 정신
Matter & Spirit

　　세계의 근본적인 실재를 유물론唯物論에서는 물질이라고 주장하고, 관념론觀念論에서는 정신이라고 주장한다. 탈레스Thales에서 시작하여 포이에르바흐Feuerbach에 이르는 유물론과, 플라톤Plato에서 시작하여 헤겔Hegel에 이르는 관념론은, 오랫동안 서로 대립하였다. 철학의 역사는 '유물론과 관념론 간의 투쟁의 역사'라고 규정하는 이들도 있을 정도이다. 19세기 후반에는 세상만물이 물질임과 동시에 정신임을 주장하면서, 유물론과 관념론을 조화시키려는 철학자들의 움직임이 나타났다. 이 영향으로 현상학, 생生의 철학, 실용주의 등, 유물론도 아니고 관념론도 아닌 여러 형태의 철학이 등장하여 오늘에 이른다.

　　아인슈타인Einstein의 철학적 사고思考에도 유물론적 입장과 관념론적 입장이 함께 있었다. 그는 '우주전체는 조화롭게 통일된 완전한 것'이라고 이해했고, 우주 안에 해결할 수 없는 모순은 존재할 수 없다고 보았다. 그는 물질의 세계와 정신의 세계의 대립을 조화시킬 수 있어야 한다고 생각했다. 드디어 그는 상대성 이론에 바탕을 두고 물질의 질량과 에너지의 동등성에 관한 결론을 내림으로써 세상을 놀라게 하였다. 세상에서 가장 유명한 등식으로 알려진 그의 $E=MC^2$, 곧 '질량-에너지 등가의 원리'는 유형有形의 물질계와 무형無形의 정신계가 연결되어있음을 입증하였다.

과학부의 황 선생이 '질량-에너지 등가의 원리'를 쉽게 이해하도록 도와주었다. 황 선생은 에너지를 '따스한 기운'이라고 독특하게 표현했고, 그 '따스한 기운'은 종교인들이 얘기하는 사랑의 마음과 다르지 않으며, 마음의 힘 또는 정신의 힘이야말로 세상의 모든 물질을 탄생시키는 원동력이라 설명했다. 첨단과학에 관심이 많았던 성철스님도 아인슈타인의 등식을 간단하게 한마디로 '정신력=물질력'이라고 말한 바 있다. 성철스님은 질량과 에너지를 각각 얼음과 물에 비유하여, 얼음이 물이 되고 물이 얼음이 되듯, 질량과 에너지가 상호 변환될 수 있음을 알기 쉽게 설명하기도 했다. 반야심경에서 가장 중요한 구절로 알려진 '색즉시공 공즉시색' 色卽是空 空卽是色은 물질과 정신이 하나임을 일깨우는 내용에 다름 아니다.

물질과 정신이 둘이 아니라는 물심불이物心不二의 신념은 과학의 도움을 받음으로써 더욱 확고해졌다. 이제 우리는 세상을 새로운 눈으로 바라볼 수 있어야 한다. 우리의 정신력으로 세상의 모든 것과 교감交感이 가능할 만큼 "세상은 정신적이다." The world is spiritual. 그러므로 우리는 세상의 평화를 염원함으로써 실제로 세상의 평화를 앞당기는 결과를 기대할 수 있다. 최근에는 '마더 데레사 효과' Mother Teresa Effect라는 신조어新造語가 등장했다. 마더 데레사의 봉사같은 아름다운 것, 사랑스러운 것을 생각만 해도 체내의 면역능력이 향상되는 효력을 두고 하버드 의대 연구진이 붙인 이름이다. 보이지 않는 '마음 에너지' mind energy가 놀랍게도 보이는 물질력으로 작용하는 것이다.

많은 지성인들이 20세기 최고의 인물로서 여성으로는 마더 데레사를, 남성으로는 아인슈타인을 지목하였다. 한 분은 정신세계를, 또 한 분은 물질세계를 밝게 비추어 온 업적을 높이 평가한 것이다. 물질과 정신, 어느 한 쪽을 탐구하든, 또는 두 가지를 함께 탐구하든, 대한민국의 젊은이들은 각자의 분야에서 21세기 최강의 빛을 발산하리라는 우람한 꿈을 갖기 바란다. 달라이 라마Dalai Lama가 가르친 '시각화 명상' Visualizing Meditation을 활용해도 좋다. 이는 상상력을 동원하여 소망하는 바가 이루어진 상황을 마음속에 반복해서 그려보는 것인데, 빛나는 미래를 꿈꾸는 학생들에게 권하고 싶은 명상법이다. "상상력은 힘"Imagination is power.이기 때문이다.

물질과 정신이 하나임을...

사랑과 증오
Love & Hatred

　　산에서 굴러 내린 모난 돌들이 장구한 세월 동안 계곡에서, 강에서, 바닷가에서, 세찬 물결에 부딪치고 깎이면서 아주 작고 동그란 자갈로 변하듯이, 젊은 시절의 모난 성격도 나이가 들수록 점차 동그랗게 다듬어져 마침내 사랑 가득한 노년을 맞이한다. "사랑은 인생의 본질이다." Love is the essence of life. 인생의 본질을 온전히 구현하기 위해서는 전 생애에 걸친 내적 수련이 요구된다. 미숙한 사랑은 저절로 성숙되지 않는다. 삶의 모든 순간들은 우리 마음 안에서 증오를 몰아내고 사랑을 키우는 수련의 순간들이다. 자신의 내면을 사랑으로 채우는 일을 우리는 한 순간도 소홀히 해서는 안 된다.

　　증오는 적을 만들지만, "어진 사람은 적이 없다." 仁者無敵 오로지 어리석은 사람만이 타인을 증오한다. 증오는 상대방에게 상처를 주기 전에 먼저 자신에게 상처를 준다. 증오를 통해서 해결되는 것은 아무 것도 없다. 다만 증오의 악순환에 빠질 뿐이다. 전쟁과 테러가 끝없이 반복되는 오늘의 어두운 세계가 이를 입증한다. 어둠이 오로지 빛에 의해서만 정복되듯이, "증오는 오로지 사랑에 의해서만 정복될 수 있다." Hatred can only be conquered by love. 참된 사랑, 아가페의 사랑은 자기희생과 조건 없는 용서이다. 참된 사랑에 도달하지 못하는 한, 우리는 시계추처럼 흔들리면서 미숙한 사랑과 어리석은 증오 사이를 오락가락하다가 삶을 허망하게 마감할 것이다.

증오는 타인을 희생시키지만, 사랑은 자신을 희생시킨다. 사랑에 의한 자기희생은 아무리 작은 희생일지라도 결코 헛되지 않다. 우리의 몸과 맘을 희생시킬 때 우리의 참 생명인 얼이 살아난다. 초월적 자아 transcendental self를 체험하기 위해서는 '자아를 죽이는 것' self-killing이 필수적이다. 이는 자살을 뜻하는 것이 아니라, 자신의 이기심을 죽이는 것을 뜻한다. 사랑은 자아의 죽음에로 이어지고, 자아의 죽음은 참 삶에로의 부활로 이어진다. 지혜로운 이들은 사랑과 죽음과 삶이 모두 하나임을 안다. 그들은 스스로 희생의 길을 간다. 그리고 세상의 빛이 된다. 최후만찬을 기념하는 미사 Mass 때마다 신자들은 사제의 음성을 듣는다. "스스로 원하신 수난이 다가오자 예수께서는…"

예수는 스스로 희생된 사랑의 화신化神이었다. 형언할 수 없이 끔찍한 최후를 맞이하면서도 조건 없는 용서를 베풀 수 있었던 '용서의 모델' model of forgiveness이었다. "용서는 은총 없이는 불가능하다." Forgiveness is impossible without grace. 우리는 예수의 용서 안에서 신의 숨결을 느낀다. 그리고 세상을 구원하는 힘은 용서의 정신 속에 있음을 확신한다. 예수 사건에서 시작된 사랑의 빛과 힘은 거대한 영향을 미치며 인류의 역사를 다듬어간다. 인류의 역사는 증오로부터 사랑을 향하여, 분열로부터 일치를 향하여 도도히 흘러간다. 신의 숨결이 주도하는 이 역사의 흐름에 적극적으로 동참하지 않는다면, 이는 개인의 불행이며 인류의 오점이다.

"인간이 사랑을 알지 못한다면, 사랑을 만나지 못한다면, 사랑을 체험하고 자기 것으로 삼지 못한다면, 사랑에 깊이 참여하지 못한다면, 인간은 자기에게도 불가해한 존재로 남게 되며, 그의 삶은 무의미하다." 요한 바오로 2세의 회칙「인간의 구원자」에 등장하는 구절이다. 희생하지 않고 용서하지 않음으로써 오늘날 우리는 의미의 위기 crisis of meaning를 맞이하고 있다. 아가페 사랑 Agape Love을 기르지 않으면 우리의 삶은 결코 유의미有意味한 것이 되지 않는다. 이기심과 증오심을 깨끗이 버릴 만큼 우리는 강하지도 선하지도 않다. 그러나 그 약함과 악함 weakness and wickedness이 극복될 때에만, 우리는 비로소 인생에 대한 깊은 이해와 흔들리지 않는 행복에 도달할 수 있다.

작고 동그란 자갈로 변하듯이...

사색과 명상
Thinking & Meditation

'생각하는 사람'Thinking Man은 로댕Rodin의 대표작이다. 로댕은 작품인물의 찡그린 표정과 긴장된 근육과 웅크린 발가락 등으로 사색의 괴로움을 훌륭하게 표현하였다. 그러나 삼국시대의 예술가들이 만든 '미륵반가사유상'彌勒半跏思惟像에서는 붓다Buddha의 깊은 명상의 경지가 놀랍도록 아름답게 묘사되어 있다. 두 작품은 사색과 명상의 차이를 확연히 보여주고 있는 바, 사색思索은 진리를 발견하기 위해 고통스럽게 노력하는 것이고 명상瞑想은 이미 발견된 진리를 기쁘게 음미하는 것이다. 하루빨리 명상의 기쁨에 잠길 수 있도록 사색의 고통을 벗어나고 싶지만, 탐스런 열매는 오랜 인고忍苦의 과정을 거쳐야만 맺어지는 법이다.

지난 세기 유럽 최고의 지성知性인 야스퍼스Jaspers는 미륵반가사유상을 다음과 같이 극찬하였다. "지상의 모든 속박을 초월해서 도달한 인간 존재의 가장 청정한, 가장 원만한, 가장 영원한 모습의 상징이라 생각한다. 나는 몇 십 년 동안 철학자로서의 생애 중에서 이토록 진정으로 평화스러운 모습을 구현한 예술품을 본 적이 없다. 이 불상佛像은 영원한 마음의 평화를 향한 인간의 이상理想을 최고도로 표징하고 있다." 과연 야스퍼스의 말대로 명상에 잠긴 붓다의 모습은 인간이 도달해야 할 가장 이상적인 모습이다. 그러한 자유로움과 순수함과 평화로움을 영원히 간직할 수 있기 위해서 우리는 참으로 길고 험난한 사색의 가시밭길을 걸어가지 않으면 안 된다.

그러나 사색의 힘으로 인생의 근본문제에 관한 모든 의문이 해소될 수 있을까. 나는 누구이며, 인간은 무엇이며, 우리는 어디서 와서 어디로 가는 것인가를 우리 스스로의 힘으로 알아낼 수 있을까. 생각하면 할수록 더욱 깊은 미궁迷宮 속에 빠지는 것은 아닐까. 드디어 아무 것도 해결할 수 없는 무력無力한 자신의 모습을 확인하게 되지 않을까. 복잡한 생각의 소용돌이에서 벗어나기 위해 차라리 자신의 한계를 겸허하게 인정하는 것이 지혜롭지 않을까. 그리하여 진리를 발견하려는 갸륵한 노력마저도 포기해야 하는 것은 아닐까. 어린이 같은 무념無念, no thinking과 단순성單純性, simplicity에 도달함으로써 마침내 명상의 꽃길이 열리게 되지 않을까.

자아발견自我發見 self-discovery을 위하여 자아포기自我抛棄self-abandonment가 필요하듯이, 진리를 발견하기 위해서는 진리를 발견하려는 욕망마저 포기할 줄 알아야 한다. 우리 스스로의 힘으로 세상에 나와 살게 된 것이 아니듯이, 우리 스스로의 힘으로 세상의 진리가 파악될 수 없다. 그리하여 현자賢者들은 스스로가 아무 것도 할 수 없는, 아무 것도 아닌 초라한 존재라는 것을 깨닫는 것이 중요하다고 가르친다. 그들은 "명상이란 오로지 아무 것도 아닌 자가 되는 것이다." Meditation is nothing but becoming nobody.라고 말한다. '아무 것도 아닌 자' nobody가 될 때에만, 곧 스스로를 철저히 낮출 때에만, 명상의 차원, 진리의 차원에로 도약하게 된다는 것은 참으로 역설적逆說的, paradoxical이다.

진리는 우리가 찾아갈 수 있는 것이 아니라, 우리에게 찾아오는 것이다. 낮은 곳에 자리한 바다를 향해 사방의 강물이 저절로 흘러드는 것처럼, 지극히 겸허하게 자신을 낮추는 자에게 선물처럼 주어지는 것이 진리이다. 그러므로 진리를 깨우치려는 자에게 반드시 요구되는 것이 바로 '자기비하'自己卑下 self-abasement의 정신이다. "나는 아무것도 아니다, 나는 아무것도 모른다. 나는 아무것도 할 수 없다." I am nothing. I know nothing. I can do nothing.라고 겸허하게 고백하는 사람보다 더 행복한 사람은 없다. 그는 자기부정自己否定 self-denial을 통해서만 자기초월自己超越 self-transcendence이 가능함을 확신하는 사람이다. 그는 사색의 포기를 통해서만 명상의 경지에 도달될 수 있음을 깨우친 사람이다.

어린이같은 무념과 단순성에 도달함으로써...

삶과 죽음
Life & Death

　많은 문제들이 우리를 괴롭히고 있다. 그러나 숭산선사에 의하면 오직 하나의 문제만 해결하면 된다. 생사生死의 문제가 바로 그것이다. 우리가 삶과 죽음의 경계를 뛰어넘을 수 있다면, 다른 문제들은 우리의 마음을 흔들지 못하는 사소한 것이 될 것이다. 칼릴 지브란Kahlil Gibran은 「예언자」에서 다음과 같이 말하였다. "강과 바다가 하나이듯, 삶과 죽음은 하나이다." Life and death are one, even as the river and the sea are one. 여기서 강은 삶을 상징하고 바다는 죽음을 상징한다. 바다를 향해 흘러가는 강처럼, 삶은 죽음을 향해 흘러간다. 강과 바다가 서로 단절되어 있지 않듯이, 삶과 죽음도 서로 단절되어 있지 않다. 이를 깨닫는 것이 생사초탈生死超脫의 경지이다.

　깨달음에는 세 차원이 있다고 한다. "고통과 기쁨은 둘이 아니다." "선과 악은 둘이 아니다." "있음과 없음은 둘이 아니다." 한자로 쓰면 苦樂不二, 善惡不二, 有無不二이다. 유무불이는 셋 중 가장 높은 차원의 깨달음으로서 생사초탈의 경지와 다르지 않다. 불이不二의 철학은 대승불교의 진수이다. 전통적인 사찰의 입구에 세워진 불이문不二門은 말없이 불이의 철학을 대변하고 있다. 불이문을 다른 말로 해탈문解脫門이라고도 한다. 번뇌에 세계에서 해탈의 세계로 들어가는 입구라는 의미이다. 삶과 죽음이 하나임을 깨닫지 못하면, "죽어도 죽지 않는다死而不死."는 것을 깨닫지 못하면, 삶의 영원성eternity of life을 깨닫지 못하면, 우리는 죽음에 대한 공포로부터 해방될 수 없다.

모든 것이 변화하고 있지만, '변화 속의 변화 없음' changelessness in change을 알아차리는 것이 중요하다. 물이 얼음으로 구름으로 눈비로 그 형태가 변하지만, 물기의 본질인 H_2O는 변하지 않는다. 마찬가지로 인간의 몸과 맘이 변할 뿐, 인간의 본질인 얼은 변하지 않는다. 그래서 인간은 '영원한 인간' eternal man이다. 우리는 사라질 몸과 변덕스러운 맘에 집착하지 않고, 영원한 얼생명에 희망을 두어야 한다. 落葉歸根의 의미를 깊이 새기자. 낙엽의 생명은 나무로부터 분리되는 순간에 끝나지 않고, 뿌리로 돌아가 거름이 되어 새 생명으로 부활한다. 마찬가지로 개인은 죽음을 통해서 인류를 위한 거름이 될 수 있고 부활생명을 살아갈 수 있다. 그러므로 우리는 언제라도 낙엽처럼 우아하게 떠날 준비가 되어있어야 한다.

인생은 '죽음을 향한 거대한 준비작업'이다. 그러므로 "충실한 하루가 행복한 잠을 가져오듯 충실한 일생은 행복한 죽음을 가져온다."는 다 빈치Da Vinci의 말은 옳다. 준비 없이 죽음 앞에 직면하는 사람들은 거부, 분노, 좌절, 타협의 과정을 거치면서 마침내 수용하는 단계에 이른다고 한다. 죽음이 언제 다가오든 수용의 준비가 되어있는 사람들은 그러한 번민의 과정들을 겪지 않을 것이다. 그러므로 우리는 자주 죽음에 대하여 묵상하는 시간을 가져야 한다. 죽음에 대한 묵상은 우리의 삶을 충실하고 올바르게 가꾸어 준다. 우리가 죽는 순간까지 충실하고 올바르게 살아간다면, 우리의 죽음은 후회감과 절망감이 아니라 완결감과 행복감을 동반할 것이다.

소크라테스는 '죽음의 연습'practice of dying이야말로 지혜를 사랑하는 자의 의무임을 역설하였다. 진실로 우리는 과거에 대하여, 분노에 대하여, 증오에 대하여, 나태에 대하여, 탐욕에 대하여, 어리석음에 대하여, 그리고 궁극적으로 자아에 대하여 죽을 수 있어야 한다. 이 '심리적 죽음'은 우리로 하여금 죽음의 공포를 뛰어넘는 온전한 삶을 체험하게 할 것이다. 독배형이 임박했을 때, 호기심과 기대감에 가득 찬 소크라테스는 슬퍼하는 제자들을 이렇게 위로하였다. "이별의 시간이 왔다. 우리는 각자의 길을 간다. 나는 죽으러 너희는 살러. 어느 것이 더 좋은가는 신神만이 안다." The hour of departure has arrived, and we go our ways - I to die, and you to live. Which is better God only knows.

...삶과 죽음은 하나이다.

상대주의와 절대주의
Relativism & Absolutism

    윤리적 상대주의를 강력히 주장하는 이들은 윤리적 절대주의를 격하시키고 마치 상대주의를 절대적인 것처럼 격상시킨다. 절대적인 것을 부정하는 그들의 논리에 비추어 볼 때 그것은 스스로 모순을 범하는 모습이다. 그들의 이념과 상반되는 다른 이념이 있을 수 있음을 인정해야 하는 것이 상대주의의 논리이지만, 그들은 절대주의에 대해 너그럽지 못한 모습을 보인다. 이념에 대한 집착이 오만으로 이어져서 사람들 간에 장벽을 세우는 모습이다. 절대주의 편에 서있는 이들도 상대주의 편에 서있는 이들을 이해하고 포용하지 않는다면, 두 이념 사이의 싸움은 끝날 수 없다.

    차가운 이념의 장벽 때문에 많은 사람들이 고통을 겪고 있다. 사람에게 고통을 주는 이념은 사라져야 한다. 중요한 것은 이념이 아니라 사람이라는 것을 잊어서는 안 된다. 사람을 위하여 이념이 있는 것이지 이념을 위하여 사람이 있는 것이 아니다. 어떠한 이념이든 사람들에게 희망을 주고 행복을 약속할 수 있어야 한다. 상대주의적 진리관은 우리에게 어떠한 희망을 주는가. 절대주의적 진리관을 지님으로써 우리는 행복할 수 있는가. 우리의 진리관은 상대주의적인가 절대주의적인가. 그리고 우리의 진리관과 다른 진리관을 지니고 세상을 살아가는 이들을 우리는 넓은 도량으로 끌어안을 수 있는가 없는가.

"진리는 사람마다 다르고 시대에 따라 변한다."는 생각과 "절대적이고 보편적인 진리가 있다."는 생각은 옛날부터 첨예하게 충돌하였다. 서양 철학사에 있어서 상대주의와 절대주의의 대립은 "인간은 만물의 척도이다."라고 한 프로타고라스Protagoras와 "말로 표현할 수 없으나 절대적인 것이 있다."라고 한 소크라테스Socrates 에게로 거슬러 올라간다. 소크라테스는 절대적인 존재와의 특별한 교감交感으로 인하여 상대주의적인 시대 조류에 영합하지 않았고, 목숨을 바쳐 진리를 증거하였고, 인류 역사를 밝게 비추는 빛이 되었다. 자신의 내면에 깃들어있던 신神, 다이몬Daimon의 음성에 언제나 복종하며 살아간 그는 인류의 영원한 양심이 되었다.

조건 없이 복종해야할 양심의 명령! 마땅히 추구하지 않으면 안 될 진, 선, 미, 성聖! 절대자의 뜻을 따르기 위해 생명을 버린 순교자! 진여세계眞如世界의 영원성! 무한우주의 불변성! 이처럼 영원히 불변하는 것에 절대적으로 자신을 종속시킬 때에만, 인간의 짧은 삶은 비로소 의미를 지닌다. 아인슈타인Einstein은 "나는 신의 생각을 알기를 원한다. 나머지는 사소한 일에 불과하다." I want to know God's thoughts, the rest are details.고 말한 바 있다. 그의 상대성 이론에 편승하여 윤리적 상대주의를 외치는 이들은, 절대적인 가치를 부정하고 사소한 일에 매달리면서, 삶의 참된 의미와 가치를 잃는 위기에 봉착하게 된다.

위기는 다행히 기회가 될 수도 있다. "위기危機는 위험危險한 기회機會이다." Crisis is a dangerous opportunity. 중요한 것과 사소한 것을 식별하지 못하는 위기는, 사람들을 무의미無意味와 몰가치沒價値의 위험에 빠지게도 하지만, 위기상황을 뼈아프게 감지함으로써 참된 삶의 길을 진지하게 묻는 기회가 될 수도 있다. 그러므로 절대주의의 입장에 선 이들은, 적절한 때를 기다려 겸허한 자세로, 상대주의에 사로잡힌 이들에게 극적인 방향전환을 권고해야 한다. 절대적 존재와의 친밀감 속에서 맛보는 희망과 행복은 가능한 한 널리 알려져야 하기 때문이다. 언젠가는 모든 이가 하나같이 확고한 목적의식을 지니고 본래의 고향인 영원불변, 무한절대의 세계를 향하여 부단히 정진하게 되기를 고대한다.

우리의 진리관은 상대주의적인가 절대주의적인가.

생명의 문화와 죽음의 문화
Culture of Life & Culture of Death

　　'침묵의 절규'라는 제목의 영상물을 본 적이 있다. 흡착기가 엄마의 자궁에 침입하여 아기를 찾는다. 아기는 본능적으로 생명의 위협을 느끼고 몸을 뒤틀며 피하려 하지만 이 침입자는 무자비하게 아기를 산산조각 낸다. 아기는 자궁 속에서 비명을 지른다. 그러나 그 소리는 밖으로 들리지 않는다. 그래서 '침묵의 절규'이다. 우리나라에서만 하루에 수천 명의 아기가 이렇게 희생된다. 인간생명은 세상의 무엇과도 바꿀 수 없는 최고의 가치임에도 불구하고, 체면 때문에, 가족계획 때문에, 돈 때문에, 패륜부모와 악덕의사에 의해 낙태가 이루어진다. 낙태는 살인이다. 그리고 그 살인은 놀랍게도 생명을 보호해야할 국가에 의하여 합법적으로 용인된다.

　　정자와 난자가 결합하는 바로 그 순간에 하나의 인간생명이 시작된다. 수정란 안에는 인간으로서의 유전적인 정보가 모두 담겨

있다. 수정란은 인간이 될 잠재적 능력을 지닌 존재가 아니라 대단한 잠재능력을 가진 한 인간이다. 양심적인 의사들은 '살인 사례금'을 포기하고 낙태 시술을 하지 않는다. 돈에 눈이 어두워 낙태 시술에 익숙해진 의사들은 자궁 안에 있는 아기를 죽이는 일과 자궁 밖에 있는 아기를 죽이는 일 사이에 큰 차이를 느끼지 못할 만큼 둔감해진다. 미국의 신생아실은 킬링 필드killing field가 되어가고 있다는 소식도 들린다. 신생아의 몸을 연구 목적으로 이용하기 위해 생후 28일이 지나지 않은 신생아를 인간으로 간주하지 않으려는 끔찍한 견해도 등장했다. 인간을 물건처럼 취급하고 싶은 모양이다.

신생아실에서 태어난 영아가 비정상아일 경우, 의사와 간호사들은 부모의 동의를 받아, 또는 동의 없이, 독극물을 투입하여 살해한다. 아기와 아기를 보살피는 이들의 비참한 미래를 우려한다는 미명 하에 저지르는 영아살해이다. 그리고 이것은 살아갈 가치가 없다고 판단되는 -물론 자의적恣意的인 판단이다- 생명들을 무섭게 위협하기 시작한다. 뇌사상태로부터 대뇌사, 식물인간, 전신마비 등 삶과 죽음의 모호한 경계에 처해진 이들은 장기이식을 위해 희생될 가능성이 많다. 약자에 대한 살인은 더욱 기승을 부려 이제는 살아갈 가치가 있다고 판단되는 이들까지 가족들 모르게 살해당할 수 있다. 실제로 아르헨티나의 한 국립병원에서는 환자들의 신체 각 부분을 팔아 상당한 소득을 올렸다. 믿기 어렵지만 사실로 판명되었다.

낙태로부터 출발된 생명 경시의 풍조가 만연하고 있다. 전쟁, 테러리즘, 자살, 안락사, 사형제도, 인체시장, 인종청소, 배아연구, 자연파괴 등 우리가 모르는 사이에 죽음의 문화가 그 검은 그림자를 깊이 드리웠다. 생명의 창조와 파괴는 인간의 영역일 수 없다. 첨단의 생명공학을 동원해도 인간은 풀 씨 하나 만들지 못한다. '생명 수호' 아닌 '죽음 옹호'는 절대자의 영역에 대한 무모한 도전이다. 절대자와 올바른 관계를 맺지 못할 때, 우리는 인간과도 자연과도 올바른 관계를 맺을 수 없다. 죽음의 문화를 극복하고 생명의 문화를 꽃피우기 위해서는, 생명이 '우리자신보다 큰 힘' A Power Greater than Ourselves을 지닌 존재로부터 선물처럼 주어지는 것임을 겸허하게 받아들여야 한다.

「윤리와 사상」134쪽에 정리된 '세계윤리'의 내용이다. "이 지구촌을 구성하고 있는 모든 존재들, 즉 모든 생명체와 무생물에게까지 관심을 기울이지 않으면 안 된다. 왜냐하면, 이 모든 존재들이 서로 의지하면서 하나의 유기적 관계를 유지하고 있기 때문이다." 그렇다. 물과 땅과 공기가 죽으면 우리도 죽는다. 생명 중심에서 생태 중심에로 우리의 시야를 넓혀야 한다. 그리스 현자들도 "세상만물이 연결되어있음을 자주 생각하라." Frequently consider the connection of all things.고 가르쳤다. 태아와 엄마가 탯줄로 연결된 한 몸이듯이, 인간과 세상만물은 '보이지 않는 탯줄'로 연결된 한 몸이다. 생명과 무생명이 한 몸one body이므로, 생명 외경의 정신은 무생명 외경의 정신으로까지 확대되지 않으면 안 된다.

인간은 풀씨 하나 만들지 못한다.

선한 사람과 악한 사람
Good Person & Evil Person

　　불행을 원하는 사람은 없다. 모든 사람은 어느 누구도 예외 없이 행복하게 살기를 원한다. 아리스토텔레스의 말대로 행복은 인생의 의미이며 목적이다. 행복은 쉽게 누릴 수 없지만, 어렵기만 한 것도 아니다. 성현聖賢들은 한결같이 이렇게 가르친다. "선한 사람은 행복하게 되고 악한 사람은 불행하게 된다." 행복은 선과 악의 내적內的인 전투에서 승리한 자에게 주어지는 선물이다. 사람들은 언제나 선과 악의 갈림길 앞에서 갈등을 겪는다. 선한 길을 가도록 조건 없이 명령하는 양심良心 conscience이 그 갈등을 해결한다. 양심의 명령에 복종하는 사람은 결코 불행해질 수 없다. 혹시라도 불행감을 느끼는 경우가 있다면, 비양심적인 길, 부도덕한 길을 스스로 선택하지 않았는가를 먼저 반성해 보아야 한다.

　　내적인 전투에서 패배한 자에게는 응분의 고통이 주어진다. 자기가 지은 재앙이 자기의 몸에 닥치는 것이다. 이를 자업자득自業自

得이라 한다. 고통으로 참회의 계기가 마련된다면 참으로 다행이 겠으나, 점점 더 큰 악행에 빠져드는 자도 있다. 큰 악행 뒤에 큰 불행이 기다리고 있음을 알지 못하는 것이다. 그러나 이들만을 탓해서는 안 된다. 인류공동체의 구성원으로서 모두가 책임을 느껴야 한다. 병균이 나쁘고 병자는 나쁘지 않듯이, 악은 미워하되 악인惡人은 미워하지 말아야 한다. 행위와 행위자를 분별하고 죄와 죄인을 구별하는 관용寬容의 정신을 지녀야 한다. 관용의 정신이야말로 악인을 변화시키는 가장 큰 힘이다. 선인善人으로 변화될 수 있는 잠재력과 가능성을 지니지 않은 악인은 없다.

살인죄로 복역 중인 지존파 사형수들의 놀라운 변모를 보면서 감탄했다는 김수환 추기경의 특강을 들은 적이 있다. 짐작컨대 살인의 죄업을 씻기 위한 그들의 노력은 참으로 필사적일 것이다. 목숨 내걸고 도道를 닦는 고승高僧들의 처절한 노력과 비슷할 것이다. 언제 사형이 집행되든 기꺼이 죽을 수 있는 마음의 준비가 되어있을 것이다. 참회의 눈물로 맑아진 눈빛과 죽음 앞에도 동요하지 않는 평온한 얼굴이 사람들에게 많은 것을 생각하게 할 것이다. 실제로 사형집행 직전, 기도하기 위해 참관했던 목사나 신부가 사형수들의 초연超然한 모습을 보면서, 스스로 묻는다고 한다. "내가 죽음에 직면했을 때, 과연 저 사형수처럼 평정平靜 tranquility

을 잃지 않을 수 있을까?"

자기가 비추고 있는 땅이 황무지라 해서 태양이 실망하지 않듯이, 세상에 악인들이 들끓는다고 해서 무력감을 느낄 필요는 없다. "모든 것이 선을 위하여 함께 작용한다." All things work together for good. 는 믿음이 필요하다. 다만 우리 자신은 긍정의 편에 서서 부정을 따스하게 바라볼 수 있어야 한다. 때로는 실수로 인하여 악행에 빠질 때도 있을 것이다. 지혜롭다면 우리는 실수로부터 교훈을 얻을 것이고, 어리석다면 우리는 실수를 반복할 것이다. 뉘우침과 더불어 언제든지 새로이 시작할 수 있다는 것은 참으로 다행스런 일이다. 매일 똑 같은 실수를 범할지라도 끊임없이 뉘우치는 사람은 언젠가 세상의 빛이 될 것이고, 뉘우침 없이 둔감하게 실수를 반복하는 사람은 언제나 어둠 속을 헤맬 것이다.

선과 악은 빛과 어둠으로 비유할 수 있다. 빛이 사라지면 어둠이 스며들 듯, 선행을 멀리하면 악행에 물들기 마련이다. 학자들의 주장대로 "어둠이 빛의 부재不在이듯, 악은 선의 결핍缺乏이다." Evil is the lack of goodness, as darkness is the absence of light. 오늘 한 가지 선행을 했다고 해서, 자기만족自己滿足 self-complacency에 빠져서도 안 된다. 내일은 더욱 선하게 살겠다는 다짐이 있어야 한다. 선행에 정진精進하다

보면, 힘들이지 않고도 자동적 정행_{自動的正行 spontaneous right action}이 이루어지는 멋진 순간이 찾아올 것이다. 이는 로켓연료를 대량으로 소모하면서 대기권을 벗어난 인공위성이, 마치 위성처럼, 연료 없이 자동적으로 지구궤도를 선회하는 모습에 비유될 수 있다.

선한 사람은 행복하게 되고...

성공과 실패
Success & Failure

자신과 싸워서 이기는 사람은 세상을 이기게 되고, 자신과 싸워서 지는 사람은 세상에 지게 마련이다. "우리가 세상이고 세상이 우리" We are the world and the world is us. 이기 때문이다. 세상을 이기기 위하여 우리는 먼저 우리 자신을 이겨야 한다. 자신과의 싸움은 모든 싸움 중에서 가장 힘든 싸움이지만, 자신을 이길 때 우리는 세상에서 가장 강한 사람이 된다. 참된 성공을 이룬 사람들은 모두 자신과의 싸움에서 승리한 사람들이다. 실패한 사람들도 희망을 잃지 말아야 한다. 새롭게 다시 시작하면 된다. 실패의 아픔은 더욱 큰 성공의 밑거름이 될 수 있다. Goldsmith의 명언이 우리에게 용기를 준다. "우리의 최대의 영광은 한 번도 실패하지 않는 데 있는 것이 아니라, 쓰러질 때마다 다시 일어서는 데 있다."

능력이 모자라서 사회적으로 낙오자가 되는 경우에도 우리는 좌절하지 말아야 한다. 레오 버스카글리아 Leo Buscaglia 교수의 책을 읽다가 참으로 멋진 구절을 만났다. "나는 유능하거나 탁월하지 못하다. 그러나 나는 존재하고 있다." I may not be competent or excellent, but I am present. 생명의 가치가 능력의 가치를 압도한다는 것을 확신하는 언명言明이다. 살아있다는 것은 얼마나 놀라운 일인가. "Life is a miracle!" 삶은 기적이다! 생명은 세상에서 가장 신비로운 것이다. 그러나 비교하고 경쟁하는 세상의 폭력성이 사람의 마음을 병들게 하고, 심지어는 생명까지 포기하게 한다. 생명을 경시하고 능력을 중시하는 것은 말할 것도 없이 가치價値의 전도顚倒이다.

유능하거나 탁월한 사람은 모두 행복한가? 아니다. 물질적인 성공만이 진정한 성공인가? 아니다. 전도된 가치를 본래의 상태로 회복시켜야 한다. 세상에 존재하고 있다는 사실 하나만으로도 주체할 수 없이 행복한 사람이 되어야 한다. 생명력과 행복감이라는 긍정적인 에너지가 진정한 성공의 길을 활짝 열어간다. 우리는 형언할 수 없이 위대한 것을 이미 지니고 있다. 생명과 자유가 바로 그것이다. 그럼에도 불구하고 우리는 그 위대한 것을 망각하고, 성적이나 금전이나 외모 등 사소한 것에 집착하며 살아간다. 집착은 공포를 낳는다. 실패 심리학에 의하면, 많은 사람들이 실패에 대한 공포와 불안과 근심으로 인해 생명력과 행복감을 상실한다고 한다. 마음을 흔들어 놓는 부정적인 에너지가 성공의 길을 가로막고 있는 것이다.

'마음의 평정' tranquility of mind, 곧 정신적 성공을 지향할 때, 물질적 성공은 자동적으로 따라온다. 보이지 않는 내면세계가 보이는 외부세계를 결정짓기 때문이다. 세계적인 성공 심리학자 콜린 터너 Colin Turner는 「Born to Succeed」라는 책에서 그의 성공철학을 이렇게 피력하고 있다. "당신에게는 이미 성공할 수 있는 무한한 힘이 갖추어져 있다. 요구되는 것은 단지 최고의 컴퓨터인 당신의 마음을 프로그래밍하는 것이다. 당신은 프로그래머이며 적절한 기술로써 당신이 원하는 것을 선택하도록 명령할 수 있다. 모든 위대한 사상가들이 많은 것들에 대해 의견이 불일치하지만, '우리는 생각하는 대로 된다.' We become what we think about.는 중요한 진리에 대해서는 모두 의견이 일치한다."

롱펠로우 Longfellow의 名詩 '인생예찬' 人生禮讚 A Psalm of Life에 등장하는 구절이다.

"우리의 숙명적인 목적이나 갈 길은 기쁨도 아니고 슬픔도 아니려니.

다만 오늘보다 나아간 우리를 내일마다 발견하도록 행동하는 것일 뿐."

롱펠로우는 성공의 기쁨에 안주하거나 실패의 슬픔에 매몰되지 않고, 가치로운 목표를 향해 부단히 나아가도록 우리를 일깨우고 있다. 최고의 목표 또는 완전한 경지에 도달했다고 여겨지는 경우에도, '더욱 더 완전하게 되기' to be more and more perfect 위해 겸허하게 정진해야 한다는 것이다. 실패와 더불어 쉽게 자학self-torture에 빠지고, 성공과 더불어 쉽게 자만self-complacency에 빠지는 우리에게 주는 필생의 교훈이 아닐 수 없다.

나는 유능하거나 탁월하지 못하다.

그러나 나는 존재하고 있다.

소유와 무소유
Having & Nonhaving

'미친 세상' mad world이라 표현될 만큼 소유를 위한 싸움이 난무하고 있다. 쾌락, 재산, 명예, 권력을 남보다 많이 소유하기 위해 끝없는 투쟁을 벌인다. 천진해야 할 학생들까지 심한 점수 경쟁으로 1~2점때문에 마음이 흔들린다. 진정으로 중요한 것은 '흔들리지 않는 마음' unwavering mind이라는 것을 잘 모른다. 쌩 떽쥐빼리 Saint Exupery는 「어린 왕자 Little Prince」에서 "중요한 것은 눈에 보이지 않는다." What is essential is invisible to the eye.고 했다. 보이는 사물보다 보이지 않는 마음을 중시하라는 의미이다. 그러나 거울처럼 고요해야 할 우리의 마음은 사물에 대한 소유욕으로 인해 슬프게도 흔들리고 만다.

에리히 프롬 Erich Fromm의 명저 「소유냐 존재냐? To have or to be?」의 일독 一讀을 권한다. 책의 제목을 알기 쉽게 바꾼다면, 「소유냐 무소유냐?」가 된다. 소유욕의 충족은 쾌락 pleasure을 가져다 주지만 인간의 욕망은 끝이 없으므로 결국 기쁨 없는 쾌락들joyless pleasures에 빠지게 된다는 것, 쾌락은 기쁨이나 행복과 다르다는 것, 지혜로운 이들은 소유의 길을 포기하고 무소유의 길을 간다는 것, 무소유의 지혜가 주는 청정한 기쁨이 바로 우리 존재를 빛나게 한다는 것 등을 역설하며 프롬은 우리에게 선택을 요구하고 있다. 소유의 쾌락을 추구하며 살 것인가, 무소유의 행복을 추구하며 살 것인가.

무소유에 대한 법정스님의 정의定義가 명쾌하다. "무소유란 궁색한 빈 털털이가 되는 것이 아니다. 무소유란 아무 것도 갖지 않는다는 것이 아니라 불필요한 것을 갖지 않는다는 뜻이다." 살아가는 데 필요한 최소한의 것은 가지고 있어야 한다. 그러나 필요 이상의 소유물에 집착하는 것이 문제이다. 집착하는 자는 아무리 가진 것이 많아도 만족할 수 없고 자유로울 수 없다. 무엇인가를 가진다는 것은 무엇인가에 얽매인다는 것을 의미한다. 육욕와 물욕과 명예욕과 권력욕에 대한 집착을 벗어날 때, 인간은 비로소 행복한 자유인으로 발돋움한다. 나아가 진정한 자유인은 생명에 대해서도 집착하지 않는다. 타인을 살리기 위해 자신의 목숨을 아낌없이 바친 이들은 '무소유의 영웅'이라 칭송받아 마땅하다.

"적게 소유할수록 더 많은 것을 베푼다." The less we have, the more we give. 는 마더 데레사Mother Teresa의 가르침은, 무소유의 삶을 지향할수록 내적으로 더욱 풍요롭게 됨을 일깨운다. 극빈자들을 위해 70년 동안 봉사의 삶을 살아간 이분은 극빈자들로부터 많은 것을 배웠음을 고백한 적이 있다. 주어진 가난이든 선택한 가난이든, 가난한 이들은 부유한 이들보다 마음그릇이 넉넉하다. 황제 알렉산더Alexander가 가난하기 짝이 없는 철인哲人 디오게네스Diogenes를 만났을 때, 제국이 아니라 내면을 다스릴 줄 아는 디오게네스를 진정한 황제로 여겼다는 이야기는 유명하다.

어차피 모든 것을 버리고 떠나야 할 인생이다. 후회 없이 마지막 순간을 맞이할 수 있도록 우리는 평소에 버리고 떠나는 연습을 해두어야 한다. 소유의 길에 무작정 휩쓸리는 수많은 보통 사람들ordinary people의 무리를 벗어나서, 무소유의 길을 통해서 행복한 삶에 이르는 특별한 사람들extraordinary people이 되어야 한다. 스스로 선택한 외적 가난outer poverty도 훌륭하지만, 마이스터 에크하르트가 가르친 바와 같이, 아무것도 원하지 않는 것wanting nothing과 아무 것도 모르는 것knowing nothing과 아무 것도 가지지 않는 것having nothing으로 일관하는 내적 가난inner poverty이야말로, 보다 자유롭고 보다 충만한 존재가 되는 길임을 숙고熟考해야 한다.

보다 자유롭고 보다 충만한 존재가 되는 길

속됨과 거룩함
Worldliness & Holiness

백담사 스님들이 용맹정진하는 모습을 TV에서 보았다. 용맹정진이란 부처님의 성도일成道日을 기념하기 위하여 음력 12월 1일부터 7일간 눕지도 않고 자지도 않고 참선에 전념하며 열정적으로 진리를 탐색하는 것이다. 진리를 위해 목숨을 바칠 각오가 되어있지 않으면 시도하기 어려운 수행이라 생각된다. 용맹정진이 끝난 후에 나누는 편안한 대화들, 해맑은 표정들 속에서 속됨을 벗어버린 거룩함을 본다. 수면시간을 줄이고, 매일 아침미사에 참례하고, 점심식사를 거르는 등 나름대로 노력하며 살고 있지만, 이분들의 용맹스러움에 견주면 나의 노력은 초라하기 짝이 없다. 용맹스럽게 정진하는 스님들의 모습이 거룩함을 지향하는 우리에게 강한 자극이 된다.

"거룩하신 아버지, 아버지께서는 모든 거룩함의 샘이시옵니다." 미사 중 이렇게 시작되는 성체축성기도의 내용처럼 "신은 거룩함 자체이다." God is holiness itself. 신앙인의 최종목표는 신을 닮음으로써 성화聖化, 곧 거룩하게 변화되는 것이다. 사이비종교가 아니라면 모든 종교의 목표는 여기에 귀착된다. 그러므로 우리는 거룩함을 독점한 듯한 배타적인 신앙을 가져서는 안 된다. 마더 데레사는「모든 것은 기도에서 시작됩니다 Everything Starts from Prayer」라는 책에서 이렇게 말한다. "우리는 힌두교도가 보다 나은 힌두교도가 되도록, 이슬람교도가 보다 나은 이슬람교도가 되도록, 가톨릭교도가 보다 나은 가톨릭교도가 되도록 도와주어야 한다."

마더 데레사는 "거룩해지기 위해서는 겸허와 기도가 필요하다." To become holy we need humility and prayer.고 강조한다. 자신을 하느님의 몽당연필에 불과하다고 표현할 만큼 지극히 겸허한 이분은 겸허의 효험을 이렇게 정리한다. "당신이 겸허하다면 아무것도 당신을 괴롭히지 못할 것이다. 칭찬도 모욕도 당신을 움직이지 못할 것이다. 왜냐하면 당신은 자신이 누구인지를 알기 때문이다. 비난을 받더라도 당신은 실망하지 않을 것이며, 어떤 사람이 당신을 성인聖人으로 부른다 할지라도 당신은 자신을 뽐내지 않을 것이다. 당신이 성인聖人이라면 하느님께 감사하라. 당신이 죄인이라면 그대로 머물러 있지 말라."

성현聖賢들의 가르침과 모범적인 행실과 기쁨 가득한 얼굴은 속화俗化의 길에서 헤매는 이들을 구하는 빛이다. 비진리의 어둠을 버리고 진리의 빛으로 나아가는 순간, 속물俗物은 이미 성현으로 발돋움한다. 성聖 어거스틴의 가르침이다. "우리 기뻐하며 감사를 드립시다. 우리는 그리스도인이 되었을 뿐만 아니라 바로 그리스도가 되었습니다." 청화 큰스님도 역시 이렇게 가르쳤다. "부처님이 보는 것은 다 부처입니다. 소금도 번뇌가 없는 마음의 불성이 나한테 갖추어져 있습니다. '내 마음이 바로 부처고 내 마음으로 부처를 이룬다.'고 생각해야 합니다." 기막힌 가르침들이다. 자기를 그리스도 또는 부처로 보는 것은 자기의 참모습을 보는 것이다. 자기의 참모습을 볼 수 있는 자는 타인의 참모습을 볼 수 있다.

진, 선, 미는 절대가치이고 거룩함은 최고의 절대가치이다. 거룩함, 곧 성聖 안에는 진眞, 선善, 미美가 모두 어우러져 있다. 거룩한 존재로서 살아가기 위해서는 나날이 양심성찰examination of conscience을 게을리 하지 말아야 한다. 양심의 소리는 성화의 길을 가도록 우리를 인도하는 신의 음성이다. 양심의 명령에 복종하지 않으면 우리는 속물로 전락된다. 중간의 길은 없다. 우리는 성화되지 않으면 속화될 뿐이다. 원효스님이 가르친 성속일여聖俗一如의 의미는, 속됨 속에 빠져있어도 좋다는 뜻이 아니라, 속됨 속에 숨어있는 거룩함의 씨앗을 꽃피우라는 뜻이다. 맑은 물을 찾아 세찬 물살을 거슬러 민첩하게 상류로 오르는 물고기처럼, 밀려오는 저질 문화의 홍수 속에서 우리는 거룩한 삶을 향해 순간마다 힘차게 나아가야 한다.

속됨 속에 숨어 있는 거룩함의 씨앗을 꽃피우라.

수면과 불면
Sleep & Vigil

"인생의 승패는 잠과의 투쟁에 달려있다."는 말대로 잠을 적게 자는 사람은 인생의 승자가 되고, 잠을 많이 자는 사람은 인생의 패자가 된다. 어느 책인지 기억나지 않으나 하루 수면睡眠시간이 4시간을 넘지 않았던 무수한 위인들의 명단을 본 적이 있다. 고교시절 대학입시를 앞둔 우리의 유행어도 4당5락四當五落이었다. 한국요가연수원의 이태영 원장은 조금 자는 것이 바른 수면법임을 동양의학에 근거하여 설명하고 있다. 잠자는 시간을 줄이면 깨어있는 시간이 많아진다. 육체의 깨어있음은 정신의 깨어있음에로 이어진다. 心身醫學mind-body medicine에서 강조하듯이 육체와 정신은 긴밀하게 연결되어 있다.

선사禪師들이 잠과 싸우는 방법은 불와不臥이다. 불와不臥는 눕지 않는다는 뜻이다. 그러한 영웅적인 노력이 우리에게도 가능할까. 니코스 카잔차키스Nichos Kazantzakis의 짧은 명언을 소개한다. "인간의 영혼은 식육조食肉鳥이다." 육체라는 고깃덩어리를 먹고 하늘로 날아오르는 새가 바로 영혼이라는 뜻이다. 육체를 희생하는 단식과 밤샘은 실제로 우리를 영성적으로 비상시킨다. "날개야 다시 돋아라. 날자. 날자. 날자. 한 번만 더 날자꾸나. 한 번만 더 날아보자꾸나." 천재시인 이상李箱이 그의 단편소설 '날개' 속에서 날고 싶은 소망을 이처럼 간절하게 부르짖었을 때, 그는 영혼의 비상을 위해 육체를 엄격하게 다루어야 한다는 것을 알고 있었을 것이다.

육체적 안일을 위해 우리는 불필요하게 많은 시간을 잠으로 허비한다. 잠자는 시간이 많기 때문에 늘 시간에 쫓기면서 바쁘게 살아간다. 시간의 노예로부터 시간의 주인으로 도약할 수는 없을까. 주경야독晝耕夜讀의 열정 가득한 삶을 살아간 옛 선비들의 일상을 재현하고 싶다. 편한 길을 마다하고 그 분들은 왜 그렇게 힘든 길을 선택하였을까. 세상 사람들의 눈에 편한 길이라 여겨지는 것이 그 분들에게는 보다 힘든 길이 아니었을까. 자신과의 싸움에서 이기는 것은 참으로 힘든 일이지만, 자신과의 싸움에서 졌을 때의 자책감을 감당하는 건 더욱 힘들지 않았을까. 삶에의 열정을 잃어버린 상태로 사는 것은 죽기보다 싫은 것이 아니었을까.

수업시간 중에 엎드려 자는 학생들을 볼 때마다 가슴이 아프다. 학교에서 도대체 무엇을 배우는가. 교실에서 갖추어야 할 기본예의는 어디로 갔는가. 최소한의 인내심을 보여줄 수는 없을까. 자신과의 싸움에서 낙오한 학생들.... 저토록 나약한 모습으로 세상의 파도를 어떻게 이겨낼 수 있을까. 지식교육에 치중하기 위해 지혜교육을 외면한 결과가 이렇게 참담한 모습으로 나타났다. "Why are you sleeping?" 십자가 처형을 앞두고 비장한 심정으로 밤새워 기도하던 예수가, 자고 있는 제자들에게 던진 말이다. 인생은 정말 아무렇게나 사는 것이 아니다. 죽음을 하루 앞둔 절박한 상황 속의 예수처럼 '깨어있음'에 임한다면, 부활의 기적까지도 그분과 공유共有할 수 있으리라.

촛불을 바라보며 밤새워 명상에 잠겨보도록 학생들에게 권유한 적이 있었다. 다음날 한 학생이 찾아와 진지하게 말하였다. "새벽녘에 촛불과 하나되는 멋진 체험을 했습니다." 주체와 대상이 하나 되는 놀라운 깨우침은 1차적인 깨어있음으로부터 오는 것이 아닐까. 우리의 인생에 있어서 세상과 하나 되는 일보다 더 중요한 일은 없다. "인생의 승패는 잠과의 투쟁에 달려있다."는 말은 단지 물질적 성공을 위하여 잠과 싸우라는 것이 아니다. 피투성이가 되도록 송곳으로 몸을 찌르면서 졸음을 몰아낸 경허스님의 처절한 투쟁이 우리를 분발시킨다. 진리탐구를 위한 불면不

眠의 밤과 씨름하지 않는다면, 우리의 정신적 성숙은 요원할 것이고, 우리는 인생의 진정한 승리자가 되지 못할 것이다.

인생의 승패는 잠과의 투쟁에 달려 있다.

시간과 무시간
Time & Timelessness

인도에서는 해뜨기 전 이른 새벽을 신神의 시간이라 부른다. 새벽 시간에 하루의 삶을 충실히 준비하는 것이 어느 덧 나의 습관이 되었다. 새벽의 맑은 산 공기는 하루를 맑게 살아가도록 신선한 에너지를 어김없이 공급해 준다. 하루 24시간을 신선한 생명력으로 살아갈 수 있다면, 이른 새벽에 두 세 시간 투자하는 것쯤이야 기꺼이 감당할 수 있다. 더 자고 싶은 유혹을 떨치고 일어나서 신의 시간 속에 뛰어든 보람은 엄청나다. 별빛, 달빛과 더불어 풀벌레 울음소리, 물소리, 바람소리를 들으며 자연과 하나가 된 느낌에 사로잡힌다. 나는 별이 되고 달이 되고 또 풀벌레가 되고 물이 되고 바람이 된다. 그리고 시간탈출과 '무시간 속에 사는 것' living in timelessness에 대해 묵상하기 시작한다.

시간은 인간의 것이고, 무시간은 신의 것이다. 무시간은 영원이다. 영원이란 시간의 무한한 연속이 아니라, 순간 속에 비밀스럽게 숨어있는 시간의 꽃이다. 이 꽃은 세상의 어느 꽃보다 하늘스런 향기를 지니고 있다. 사람에게서 하늘향기를 느낄 수 있듯이, 시간 속에서 우리는 무시간의 향기를 느낄 수 있다. 무시간의 향기는 반복되는 일상의 권태를 극복하게 한다. 시간의 노예로서 지겹도록 따분하게 살지 않고, 시간의 주인으로서 여유롭고 행복하게 살 수 있는 길이 있다. 그러나 그 길은 찾아갈 수 있는 길이 아니므로 '길 없는 길' pathless path이라 한다. 오로지 향기로운 인품을 지니고 '현재' present의 순간마다 최선을 다하며 살아갈 때, 뜻하지 않은 '선물' present처럼 그 길은 찾아올 뿐이다.

시간에는 양적인 시간과 질적인 시간이 있다. 그리스語로 양적인 시간은 크로노스Chronos라 하고 질적인 시간은 카이로스Kairos라 한다. 양적인 시간을 사는 이들은 과거와 현재와 미래를 구분하며 살아가지만, 시간의 질적인 차원을 체험한 이들은 과거와 미래가 현재의 순간 속에 녹아 흐르고 있음을 안다. 크로노스의 지배를 받는 이들은 마음의 상태에 따라 시간을 짧게 혹은 길게 느끼지만, 카이로스에 잠긴 이들은 매 순간 한결같이 신선하게 다가오는 기쁨을 맛본다. 과거나 미래에 집착하는 이들은 순간 속에 깃들어있는 영원의 신비를 놓친 채 헛된 시간 속을 헤매지만, '지금 여기' here and now에 충실한 이들은 신과의 합일의식 안에서 질적으로 차원 높은 시간을 누린다.

무시간의 신비를 체험하기 위해서는 신神과의 심오한 일치에로 다가가야 한다. 신과 인간영혼의 동질성을 강조한 마이스터 에크하르트의 가르침이 우리에게 커다란 도움이 된다. "신과 영혼은 서로 매우 밀접하게 관계를 맺고 있으므로 그들 사이에는 참으로 아무런 구별이 없다." God and the Soul are so nearly related to each other that there is really no distinction between them. 우리 안에 숨어있는 신의 모습을 바라볼 수 있다면, 우리는 현재의 순간 속에 숨어있는 영원을 바라볼 수 있다. 그 놀라운 바라봄을 지속적으로 체험할 수 있는 사람들이 되기를 우리 함께 소망하자. 짧은 100년의 인생을 사는 동안 아무런 '영원 체험'이 없다면, 우리가 죽은 후에 무엇으로 진정한 영원성을 획득할 수 있을까.

모든 위대한 철인哲人들의 피할 수 없는 관심사는 유한한 시간이 닿을 수 없는 무한한 시간, 이른바 '영혼의 불꽃' soul's spark 속에 뛰어드는 것이었다. 그리하여 그들은 예외 없이 시간에 대한 탐구에 많은 시간을 바쳤다. 우리도 무한한 시간, 신神의 시간, 시간의 꽃, 영혼의 불꽃 속에 뛰어드는 그 '뛰어듦'을 그리워하자. 빛을 그리워하던 날벌레가 초의 불꽃을 향해 몸을 던져 '지지직' 소리와 함께 빛과 하나된 채 우주공간으로 날아가듯이, 우리도 용감하게 진리를 위해 목숨을 아끼지 않는 열정으로 매 순간에 투신하자. '지금 여기 속에 사는 것' living in here and now만이 '무시간 속에 사는 것' living in timelessness임을 명심하자.

영혼의 불꽃 속에 뛰어드는...

신과 인간
God & Man

　　바다와 파도의 관계처럼 신과 인간은 분리될 수 없이 연결되어 있으므로, 신이 무시될 때 인간이 무시되는 것은 당연한 일이다. 현대인이 인간답게 살기 위해 가장 시급한 것은 신에 대해 묻는 것이다. 해답을 찾기 위해 평생이 걸릴지도 모른다. 그러나 신학자들은 해답의 실마리가 주어져 있지 않으면 어떤 의문도 생겨나지 않는다고 주장한다. '신은 존재하는가?', '신은 누구인가?' 등의 의문이 생기는 것은 해답이 반드시 있기 때문이라는 것이다. 무척 고무적인 이야기이다. 신에 대한 여러 정의定義는 신을 향한 우리의 사색을 도와주고 있다. '신은 사랑이다.' '진리가 신이다.' '대자연은 신의 얼굴이다.' '우리의 진아眞我가 신이다.' '신은 우리자신보다 큰 힘이다.' '신은 무한우주이다.' '신은 에너지 자체이다.'

　　태양이 일주일만 사라져도 지구상의 모든 생명체는 소멸된다.

빛 에너지가 존재하지 않는다면 인간은 지구상에 생존할 수 없다. 인간은 인간보다 큰 에너지를 지닌 어떤 존재를 필요로 한다. 그리고 인간의 생존은 시간과 공간의 제약을 받기 때문에, 영원하고 무한한 절대자와 만남으로써 영원한 생명eternal life을 얻고자 갈망한다. 시간적으로 영원을, 공간적으로 무한을 동경하기에 "인간은 선천적으로 종교적 존재이다." Man, by nature, is a religious being. 영원한 생명에 대한 갈망이 충족되지 않으면, 종교적 존재로서의 인간은 진정으로 내적인 평화로움을 누릴 수 없다.

신과의 만남encounter with God이 어렵다고 생각할 필요는 없다. 불가佛家에서는 지도무난至道無難이라 가르치기도 한다. 창을 열기만 하면 쏟아져 들어오는 햇빛처럼, 마음의 눈을 뜨기만 하면 신의 은총이 쏟아져 내림을 보게 될 것이다. 항상 함께 있는 바다를 의식하지 못하는 물고기처럼, 무관심과 이기심에 빠져있는 이들은 신의 편재를 알아볼 수 없다. 기도祈禱 prayer와 수행修行 practice이 마음을 눈을 뜰 수 있도록 도움을 줄 것이다. 40년간의 장좌불와로 유명하신 청화큰스님은 수행에 앞서 기도를 권고한 바 있다. 영혼의 호흡이라 불리는 기도는 거짓된 마음을 씻어내는 수행과 마찬가지로 신과의 만남을 가능하게 할 것이다. 기도는 신의 초월성에 바탕을 두고, 수행은 신의 내재성에 바탕을 둔다.

신은 초월적 존재임과 동시에 내재적 존재이다. 신은 우리보다 한없이 크신 분이지만 우리의 내면 깊은 곳에 은밀히 숨어계시는 분이다. 현대의 신학자들은 신의 초월성보다 내재성을 강조하는 경향이 있다. 그들은 우리 안에 깃들어 있는 신성神性 Divine nature 또는 불성佛性 Buddha nature의 씨앗을 꽃피우도록 우리를 일깨운다. 인간생명은 3중 구조로 되어 있다. 동물성animality과 인간성humanity과 신성divinity이 그것이다. 동물성을 잠재우고 인간성을 뛰어넘어 신성에 도달하는 것이 우리가 가야할 길이다. 신인神人 God-Man의 경지에 도달하는 것이 불가능하다고 생각하는 이들은, "신과 인간은 하나이다." God and man are one.라는 요한 바오로 2세의 가르침을 자주 또 깊이 음미해야 한다.

안중근 의사가 옥중에서 마지막으로 남긴 네 글자 경천애인敬天愛人은, 천손天孫으로서의 긍지를 지닌 우리민족의 핵심 도덕철학이다. 神을 경외하고 인간을 사랑하는 것이 우리에게 주어진 지고至高의 사명이다. 그리고 이 사명은 신인합일神人合一의 경지를 스스로 체현함으로써 완성된다. 예수 그리스도나 석가모니 부처님처럼 神人으로 살아갔던 분들을 닮기 위해서는, 무심無心의 상태에 이르는 철저한 '자기 비움' self-emptiness이 있어야 한다. 비워짐이 없이는 채워짐이 있을 수 없다. 우리의 욕심 많은 마음을 텅 비우는 순간,

그 텅 비워진 자리는 신으로 가득 채워진다. 우리가 신에게 다가
가는 만큼 신은 우리에게 다가온다. 참으로 가까이 신에게 다가
가는 이들은 신과의 놀라운 만남을 이루어낸다.

시간적으로 영원을, 공간적으로 무한을 동경하기에...

신앙과 불신앙
Faith & Unfaith

　　신앙과 불신앙에 대한 괴테Goethe의 지론持論이다. "세계사와 인류의 역사에 있어서 다른 모든 것이 종속하지 않으면 안 되는 유일한 근본적 테마는 신앙과 불신앙의 갈등이다. 신앙이 지배하고 또 신앙이 뚜렷한 형태를 원하는 모든 시대는 빛이 나고 그 시대와 후세에 보람을 주며 사람들의 마음을 고무시킨다. 이에 반해 어떠한 형태로든 불신앙이 빈약한 승리를 자랑하는 모든 시대는, 설령 순간적으로는 빛을 내어 뽐낸다할지라도, 후세 사람들의 눈에는 비치지 않을 것이다. 왜냐하면 아무도 불모의 인식 같은 것으로 고생하려고 하지 않기 때문이다." 불신앙을 버리고 신앙으로 나아가도록 권고하는 내용이다. 물론 이 권고는 쉽게 받아들여지지 않는다. 신앙과 불신앙의 갈림길 앞에서 사람들은 갈등하고 방황한다.

　　신앙과 불신앙의 갈등이 해소되지 않는다면, "나는 누구인가?",

"인간은 무엇인가?", "삶은 어떤 의미가 있을까?", "우리는 어디에서 왔는가?", "죽은 후에는 어떻게 되는가?" 등, 인생의 근본적인 문제들은 해결되지 못한다. 근본문제들의 해결 없이 우리는 진정으로 행복할 수 없다. 의혹과 불안 속에 시달리게 되는 것이다. 아우구스티누스가 그의 「고백록」에서 "당신 안에 쉬기까지 우리 마음이 평안치 않나이다."라고 고백하고 있듯이, 불신앙에서 오는 모든 의혹들을 극복하고 '신앙을 통해서 신과 친숙해짐' being familiar with God through faith을 체험할 때에만, 우리의 지친 영혼은 비로소 평안한 쉼터를 발견한다. 평안한 쉼터 peaceful resting place에 도달하는 것은 결코 인간의 힘만으로 가능하지 않다.

위암으로 고생하시던 제1교무실의 신수일 교감선생님께서 끝내 돌아가셨다. 천마산의 에덴 요양원에서 투병하실 때, 죽음에 대한 두려움을 온전히 극복하고 넘치는 기쁨을 보여주시던 그 모습을 잊을 수 없다. 비록 우리가 기대했던 기적의 치유는 일어나지 않았지만, 신앙의 힘으로 인하여 그 분 생애의 마지막 순간에 꽃피어난 참다운 평안을 우리는 뚜렷이 목격하였고, 그건 육체적 치유보다 높은 차원의 기적이었음을 확신한다. 나약한 의지의 힘으로 인간은 도저히 죽음의 공포를 극복할 수 없다. 생명을 포기해야하는 극한적 절망 속에서도 모든 것을 신에게 의탁하는 신앙의 인간은, 불신앙의 인간과 달리 참으로 밝은 모습을 보인다.

"What is humanly impossible is possible for God." 인간의 힘으로 불가능한 것은 하느님에게는 가능하다. 쉬운 영어로 쓰여진 성경, 「Good News Bible」에서 유일하게 암기하고 있는 구절이다. 과연 하느님께 모든 것을 내어맡긴 신앙의 인간에게는 하느님의 힘이 작용하기 시작한다. 불가능의 영역이 가능의 영역으로 변해 간다. 인생에 관한 모든 의문이 말끔히 해소된다. 살아있다는 사실을 놀라운 기적으로 받아들인다. 고통 속에서도 감사하는 마음을 잃지 않는다. 죽음을 두려워하지 않는 참 평화를 누린다. 영원의 한 자락을 부여잡은 기쁨을 지닌다. 조건 없이 사랑하는 마음의 여유가 생긴다. 사랑 속에서 하느님과 하나 되는 감격을 맛본다.

집요한 회의와 불신으로 인하여 고교시절부터 시작된 나의 슬픈 세월 40년! 이제 그 방황을 단호히 끝낸다. 신앙의 기쁨에 취하여 목숨을 아낌없이 바친 순교자들의 눈물겨운 자취에 강하게 이끌린다. 보이는 사물에 더 이상 집착하지 않고, 보이지 않는 하느님의 숨결을 아침저녁으로 느끼면서, 나날이 하느님과 가까워지는 삶을 살고 싶다. 청춘보다 빛나는 노년이 기대된다. 60세부터 80세에 이르는 시기는 인생의 결실을 수확하는 '황금의 20년'

이라 하지 않는가. "오랫동안의 슬픔이 거름되어 이제 작은 열매 하나 맺으려하오니, 하느님! 저는 자나 깨나 앉으나 서나 항상 당신 생각에 의식이 깨어있는 삶을 살아갈 것입니다. 마치 젖먹이의 머리와 가슴속에 언제나 엄마 생각이 꽉 차 있듯이."

당신 안에 쉬기까지 우리 마음이 평안치 않나이다.

십자가와 부활
Cross & Resurrection

구약시대의 예언자들은 하느님의 정의正義를 선포했으나, 이스라엘 백성들은 예언자들의 충고를 받아들이지 않았다. 예언자들은 참혹하게 죽임을 당하기도 했다. 예나 지금이나 정의의 투사들은 불의不義의 인간들에 의해 수난을 겪는다. 불의가 일시적으로 승리하는 것처럼 보이지만, 역사가 입증하듯 궁극적인 승리는 언제나 정의 편이다. 예수는 키드론 골짜기에 묻혀있는 순교 예언자들의 무덤을 보면서 그들의 고결한 죽음과 영원한 승리에 대해 묵상했을 것이고, 그 곳에 그들과 함께 나란히 묻혀야 할 운명임을 예감했을 것이다. 그토록 아끼던 친척 세례자 요한마저 참수되었을 때, 예수는 그 운명이 아주 가까이 다가와 있음을 알았을 것이고, 마침내 목숨을 아끼지 않고 복음전파에 투신하게 되었을 것이다.

억눌린 이들에 대한 조건 없는 사랑으로, 예전에는 볼 수 없던 새롭고 열정적인 가르침으로, 신神과의 합일이 없이는 이루지 못할 놀라운 행적으로, 예수는 군중들의 마음을 사로잡았다. 어느 날 예루살렘 성전의 부패상을 목격한 예수는 거의 폭력적인 언행으로 성전을 정화하였고, 이 사건은 당시의 유대교 지도자들로 하여금 예수를 죽이려는 흉계를 꾸미게 한 결정적인 계기가 되었다. 이들은 예수에게 신성모독의 혐의를 씌웠고, 사형의 권한이 있는 로마인 총독 빌라도Pilate에게 재판을 부탁했다. 심문의 결과, 빌라도는 예수의 무죄를 주장하였으나 예수를 처형하지 않으면 폭동이라도 일어날 것 같은 분위기에 눌린 나머지, 그들의 요구를 들어주었다.

예수는 완전한 자기 비움self-emptiness 속에서, 참혹한 자신의 운명을 하느님의 뜻으로 받아들였다. 십자가에 처형된 사람은 많았으나 예수는 남달리 고요하고 용감하고 충실하게 십자가의 길을 갔다. 자기를 찍는 도끼날에도 향을 묻히는 한그루 향나무처럼, 그분은 찍히면 찍힐수록 진한 향을 발하면서 숨을 거두었다. 그러나 하느님의 현존 안에서 그분의 죽음은 이미 죽음이 아니었다. 3일 후에, 제자들은 예수의 무덤이 비어있음을 확인하고 놀라워한다. 3이란 숫자는 신학적으로 이스라엘 사람들에게 특별한 의미가 있었다. 모든 소망이 이루어짐으로써 역사가 승리 속에 종결

된다는 완전함^{completeness}의 의미였다. 정의로운 죽음으로 인하여 초역사^{超歷史} 속에 뛰어든 예수의 승리를 상징하기 위해 '사흘' 만에 부활이라는 표현이 가능했으리라.

세상에서 일어나는 모든 일이 우리에게 이해되어지는 것은 아니다. 그러나 죽음이 두려워서 숨어 지내던 겁 많은 사도들의 모습이 180도 변했다는 사실을 결코 간과할 수 없다. 예수와 함께 처형될까봐 예수의 제자임을 세 번씩이나 부정했던 베드로를 비롯하여, 사도들은 목숨 걸고 예수 부활의 기쁜 소식^{Good News}을 선포하다가 장렬하게 순교하였다. 그리스도인들은 이 사도들의 증언을 믿는 사람들이다. 비록 사도들처럼 부활한 예수의 발현을 직접 목격하지는 못했을지라도, 목숨을 아끼지 않는 그들의 놀라운 변신을 보면서, 예수 부활 사건에 대한 그들의 증언을 받아들이는 것이다. 엄청난 사건이 벌어지지 않았으면 그러한 변신이 있을 수 없음을 확신하는 것이다.

오늘날 인류의 3분의 1이 그리스도인이다. 예수 하나 없애기만 하면 세상이 조용해질 줄 알았는데, 2천년이 지난 지금 놀랍게도 20억이나 되는 예수의 추종자들이 생겨났다. "예수는 그 추종자들 안에서 지금도 부활을 계속하고 있다."는 어느 성직자의 표현이 멋지다. 그리스도인들은 십자가의 죽음 3일 만에 하느님께서 예수를 부활시키셨다는 것을 믿는다. 믿음은 언제나 위로부터 내려오는 힘이다. 그러나 믿는 것보다 더 중요한 것이 있다. 그것은 십자가의 길을 몸소 걸어가는 것이다. 예수처럼 완전한 자기 비움을 통하여 매순간 텅 빈 충만을 체험하는 것이다. 죽어가면서 영원의 향기를 풍기는 또 하나의 인간 향나무가 되는 것이다. 십자가 속에 이미 부활이라는 신석 생녕이 숨 쉬고 있음을 알아차리는 것이다.

완전한 자기비움을 통하여...

여성과 남성
Woman & Man

오래종^{Oraison}신부가 쓴 「Sexuality」에는 다음과 같은 구절이 등장한다. "아름다운 나폴리 항구 곁에 베스비어스의 음험^{陰險}한 분화구가 도사리고 있듯이, 성^{性, sexuality}은 아름답지만 위험한 것이다." 사실이다. 성은 아름답기도 하고 위험하기도 하다. 그러므로 성은 바르게 사용되어야 하고, 오용하거나 남용해서는 안된다. 생명의 도구로 바르게 사용될 때 성은 아름답다. 그러나 성을 쾌락의 도구로 잘못 사용하거나 지나치게 사용할 때 성은 위험하다. 성적인 쾌락추구로 인하여 불행해진 남녀들의 이야기가 도처에 널려 있다. 쾌락은 행복과 다르다. 쾌락은 육체적이고 순간적인 즐거움이고, 행복은 정신적이고 지속적인 기쁨이다. 슬기로운 이들은 쾌락을 버리고 행복을 선택한다.

동물의 세계는 꼬리치는 암컷과 덮치려는 수컷으로 꽉 차 있다. 그러나 인간은 동물과 달리 성적 충동을 뛰어넘을 수 있는 능력이 있다. 성적 만족이 없이도 주체할 수 없는 기쁨 속에 살아가는 사람들이 있다. 그들은 성적性的 욕망을 속절없이 억제하는 것이 아니다. 익은 열매가 나무에서 저절로 떨어지듯, 성적 쾌락을 추구하는 욕망이 그들로부터 자연스럽게 떨어져 나간다. 성 에너지sex energy의 변형과 승화를 통하여 이루어지는 이 원숙한 삶 속에는 행복감을 뛰어넘는 황홀경이 있다. 수도생활에 전념하는 이들이 체험하는 '정신적 황홀경' spiritual ecstasy은 sex에 의한 '육체적 황홀경' physical ecstasy을 압도한다. 그러나 모든 이가 수도생활을 선택해야 하는 것은 아니다.

결혼생활로 이루어지는 부부간의 정신적, 육체적 결합도 아름답고 신비롭다. 새로운 생명이 탄생되는 감동이 있고, 서로를 위해 자신을 희생하는 사랑이 있다. 여성과 남성은 결혼으로 서로의 부족함을 보완하며, 함께 자기완성에의 길을 간다. 여성들은 생명의 신비에 깊이 관여하므로 특별히 존중받아 마땅하다. '남성에 대한 여성의 선천적 우월성' Woman's natural superiority against man이라는 제목의 논문을 읽은 적이 있다. 여성의 감성感性이 남성의 지성知性보다 인류의 삶을 더욱 풍요롭게 한다는 내용이다. 괴테Goethe 역시 60년에 걸친 필생의 역작 「파우스트 Faust」의 마지막에 "영원히 여성적인 것이 우리를 위로 끌어올린다." The Eternal-Feminine draws us upward.는 구원의 메시지를 남겼다.

플라톤Plato은 여성성女性性과 남성성男性性을 동시에 지닌 양성적 인간兩性的人間을 완성된 인간으로 보았다. 여성성은 모성애母性愛로 귀결되고 남성성은 부성애父性愛로 귀결된다. 그러므로 양성적 인간이란 모성과 부성을 함께 지닌 사랑의 인간이다. 렘브란트Rembrandt는 '돌아온 탕자'return of the prodigal son라는 작품에서, 아들을 안고 있는 아버지의 오른손을 여성의 손으로 왼손을 남성의 손으로 묘사함으로써, 모성과 부성을 함께 지닌 신의 사랑을 표현하고자 하였다. 어버이의 사랑, 아가페의 사랑으로 성숙되지 않은 인간의 사랑은 아직 완성된 사랑이 아님을 기억하게 하는 명화이다.

여성과 남성은 자석磁石의 양극처럼 서로 미묘하게 이끌린다. 사람들은 이러한 이끌림을 사랑이라 부른다. 그러나 이는 사랑의 시작에 불과하다. 사랑의 완성을 향하여 줄기차게 나아가도록 도와주는 쌩 떽쥐뻬리Saint Exupery의 명언이 있다. "사랑은 서로를 마주 바라보는 데 있지 않고, 함께 같은 방향을 바라보는 데 있다." Love does not consist in gazing at each other, but in looking together in the same direction. 자기완성이라는 공통된 목표를 바라보며 함께 나아가는 가운데 서로의 사랑은 저절로 익어간다. 이렇게 저절로 익어가는 사랑이야말로 결코

식을 수 없는 사랑이다. 많은 여성과 남성들이 서로를 뜨겁게 바라보다가 시간이 흐르면 열기가 식는다. 함께 바라볼 같은 방향이 없기 때문이다.

사랑은 서로를 마주 바라보는 데 있지 않고,
함께 같은 방향을 바라보는 데 있다.

우연과 필연
Fortuity & Inevitability

　　불교에서는 현생現生에서 낯선 사람과 옷깃 한 번 스치는 것도 전생에서 수없이 만났던 인연으로 인하여 일어나는 일이라고 가르친다. 우리 눈에 우연처럼 보이는 모든 것들은 단지 그렇게 보일 뿐, 사실은 인과응보因果應報에 따라 필연적으로 이루어지는 일임을 일깨우고 있다. 인과응보의 가르침을 따르는 이들은 틀림없이 낯선 사람과의 순간적인 만남조차 귀하게 여길 것이다. 겸손과 친절과 존경으로 점철된 매 순간은, 다음 순간의 아름다운 인간관계를 보장해줄 것이기 때문이다. 인생살이에서 겪는 모든 일을 우연의 장난이라 보는 사람과 필연적 귀결이라 보는 사람 사이에는 그 태도의 진지함과 성숙함에 있어서 많은 차이가 있을 것이다.

　　일식이나 월식을 보면서 원시인들이 혼란스러워하는 모습을 상상해보자. 그리고 관측 가능한 장소에 미리 대기하여 우주 쇼를 놓치지 않고 감상할 줄 아는 현대인들의 모습과 비교해보자. 태양과 달이 우연히 잠식당한다고 생각하는 원시인은 두려움을 느낄 것이고, 일식과 월식이 주기週期에 따라 필연적으로 발생함을 아는 현대인은 즐거운 볼거리로 여길 것이다. 우리의 일상생활에서도 우연을 거론하는 무지無知의 인간은 공포와 불안 등의 부정적인 상태에 빠지게 되지만, 모든 상황이 필연必然적으로 전개되는 것임을 깨달은 예지叡智의 인간은 어떤 상황도 거부하지 않고 수용하는 긍정적인 모습, 곧 밝은 마음으로 '모든 상황에 예스라고 말하는 것' saying yes to everything이 가능할 것이다.

위대한 영성가靈性家이며 저술가인 까를로 까레또Carlo Carretto는 「나는 찾았고 그래서 발견했습니다」라는 책에서 다음과 같이 말한다. "아주 간단하지만 매우 중요한 인생의 비결을 전해드리고 싶다... '우연이란 존재하지 않는다.' 바로 이것이 그 비결이다. 우연이란 의미 없는 낱말이다. 그것은 비록 우리의 사고와 행동양식에 있어서 무한히 반복되는 것이긴 하지만, 하나의 순수 환상에 불과하고 잘못된 문제 해결책에 지나지 않으며 또 참으로 무지하거나 아니면 다소 분별력이 없는 사람들에 의해 받아들여지는 그 무엇이다. 우연이란 존재하지 않는다. 우연이란 아나톨 프랑스 Anatole France의 인상적인 경구警句대로 '자신의 이름을 밝히고 싶지 않을 때 사용하는 익명의 하느님'에 지나지 않는다.”

인간의 능력은 너무도 제한적이어서 사물의 참 모습을 제대로 인식하기 어렵다. 가시광선可視光線보다 더 넓은 영역을 차지하는 비가시광선非可視光線을 우리는 볼 수 없다. 수백 광년의 거리에서 빛나는 별을 우리는 바라보고 있지만, 사실은 이미 수백 년 전에 사라진 별일 수도 있다. 절대자의 주도면밀한 계획 하에 필연적으로 발생되는 사건일지라도, 우리는 우연적으로 발생된 것처럼 느낄 수 있다. 우리는 영성적으로 원시인에 불과한지도 모른다. 그러나 모든 것이 우연이라는 환상을 버리고 올바른 문제 해결책을 찾고 무지를 벗어나고 분별력을 갖추어 영성적인 수준을 끌어올린다면, 우연으로만 생각하던 모든 일들이 필연의 소산이었음을 까를로 까레또처럼 확신할 수 있게 될 것이다.

콩 심은 데 콩 나고 팥 심은 데 팥 나듯이, 세상은 인과법칙에 의해서 조화롭게 운행된다. 아무리 혼돈스럽게 보일지라도 자연현상 안에는 놀라운 조화가 비밀스럽게 숨어있다. 첨단 물리학자들은 혼돈 속에서 조화를 찾는 이른바 '카오스 이론' chaos theory을 연구하고 있다. 문외한이 볼 때에는 불규칙하고 부조화로운 현상이지만, 전문가는 그 안에서 규칙성과 조화를 발견한다. 우리의 인생살이도 마찬가지다. 세상만사를 절대자에 연유한 필연의 조화로 볼 수도 있고, 절대자와 무관한 우연의 혼돈으로 볼 수도 있다. 그러나 '혼돈 속의 조화' cosmos in chaos를 발견한 카오스 이론가들이나 일상의 삶 속에서 神의 섭리를 체험하는 영성가들은 깊은 경이감으로 가슴이 벅찰 것이다.

우연이란 존재하지 않는다.

웃음과 눈물
Laugh & Tears

웃음을 통하여 몸과 마음의 건강을 도모하는 명상법을 '웃음명상' laughing meditation 이라 한다. '세계 웃음의 날'인 5월1일, 많은 인도인들이 모여 무작정 통쾌하게 웃는 모습을 TV에서 본 적이 있다. 멋진 모습이라고 생각했다. 기쁨이 있을 때 웃게 되지만, 웃다보면 기쁨이 찾아오기도 한다. 마음이 몸에 영향을 미치기도 하지만, 몸이 마음에 영향을 미치기도 한다. '몸과 마음의 하나됨' oneness of body and mind 을 생각한다면, 웃음명상의 효과를 이해하기는 어렵지 않다. 우리나라에도 웃음수련이 등장했다. 웃음이 엔도르핀을 증가시킨다고 하여 인기를 끌고 있는 수련이다. 무표정한 얼굴보다 웃는 얼굴은 주위사람들까지 유쾌하게 한다.

눈물은 웃음보다 드라마틱 dramatic 하다. 1년 만에 만나는 가족들은 웃지만, 50년 만에 만나는 가족들은 운다. 작은 기쁨에는 웃음이고 큰 기쁨에는 눈물이다. 눈물은 웃음보다 치유효과가 강력하다. 눈물은 한恨 맺힌 슬픔을 씻어내는 놀라운 힘이다. 우리사회에는 기쁨의 눈물, 사랑의 눈물, 감사의 눈물을 흘릴 줄 아는 사람이 필요하다. 평범한 일상 속에서도 시인들처럼 젖은 눈으로 살아갈 수 있는 '강렬한 감정' strong feeling의 소유자가 있어야 한다. 이들은 점차 감동이 사라져가는 메마른 세상에서 샘물 같은 역할을한다. 샘이 있으므로 메마른 세상까지 아름다워진다. '어린 왕자'의 말대로, "사막이 아름다운 건 어딘가에 우물이 숨어 있기 때문이다."

눈물은 웃음처럼 쉽게 만들어낼 수 없다. "눈물은 신의 가장 좋은 선물이다." Tears are the best gift of God. 신은 극한 상황을 겪는 자에게는 위로의 눈물을, 처절한 아픔을 딛고 자신과의 싸움에서 마침내최후의 승리를 쟁취한 자에게는 감격의 눈물을 솟게 한다. 사람이 우는 게 아니라, 신이 사람 안에서 직접 운다고 표현해도 좋으리라. "지성至誠이면 감천感天"이라고 하지 않았는가. 친구가 「하느님의 눈물」이라는 제목의 책을 한 권 쓰고 싶단다. 하느님과 함께눈물을 흘릴 수 없다면 생각하기 어려운 제목이다. 오직 눈물로써 쓴 책이야말로 사람들의 마음에 감동을 불러일으키고, 숭고崇高한 메시지를 전해줄 수 있다. 스스로 감동하지 않으면 우리는 타인을 감동시킬 수 없다.

"더러는 옥토에 떨어지는 작은 생명이고저…

흠도 티도, 금가지 않은 나의 전체는 오직 이뿐!

더욱 값진 것으로 드리라 하올 제,

나의 가장 나아종 지닌 것도 오직 이뿐.

아름다운 나무의 꽃이 시듦을 보시고 열매를 맺게 하신 당신은

나의 웃음을 만드신 후에 새로이 나의 눈물을 지어주시다."

　김현승 시인의 名詩, '눈물'이다. 이보다 더 간결하고 경건하게 '눈물'을 노래할 수 있을까. 시인은 꽃과 열매의 비유를 통해 눈물이 웃음보다 고귀한 것임을 명료하게 밝혀준다.

　시들지 않는 꽃이 없듯이, 아름다운 웃음꽃 역시 사라지는 아픔의 순간이 온다. 그러나 그 아픔은 영웅적인 투혼으로 값진 눈물의 열매를 맺는다. 값진 눈물은 세상 어느 곳이든 서러움이 있는 땅은 모두 품어 안을 수 있는 진한 향기를 머금는다. 시인은 이 눈물을 '나의 가장 나아종 지닌 것'이라 표현한다. 인생에서 가장 고귀한 것을 간직하고 있다는 뜻이다. 시인은 이렇게 고귀한 것이 '당신'께서 지어주신 것이라 고백한다. 신과 가까운 이는 "신의 허락이 없으면 어떤 일도 일어날 수 없다." Nothing happens without God's permission.고 말한다. 그는 웃음도, 아픔도, 투혼도, 감격의 눈물도, 그리고 삶과 죽음도 신의 안배로 여기며 모든 상황에 감사하며 살아간다.

스스로 감동하지 않으면...

유위와 무위
Doing Something & Doing nothing

"청산은 나를 보고 말없이 살라 하고, 창공은 나를 보고 티 없이 살라 하네.

탐욕도 벗어 놓고 성냄도 벗어 놓고, 물같이 바람같이 살다가 가라 하네."

지은이는 당나라 은자隱者로 알려진 한산스님이라고 한다. 한산스님은 지금도 명상가들의 스승으로 알려져 있으며, 인간과 자연이 하나 되는 경지를 노래한 「寒山子詩集」을 남겼다. 간결하고 아름다운 이 선시禪詩에 곡을 붙이고 싶다. 학생들과 함께 '노래 명상' singing meditation을 하면서 자연의 가르침을 되새기고 싶다. 자연은 많은 것을 우리에게 가르친다. 청산은 침묵을 가르치고, 창공은 순수를 가르치고, 물과 바람은 무위를 가르친다. "자연은 가장 위대한 교사이다." Nature is the greatest teacher.

유위有爲와 무위無爲는 다르다. 유위는 인간의 길이고, 무위는 자연의 길이다. 우리는 수영을 배우기 위해 노력하지만, 물고기는 배우지 않아도 수영을 잘한다. 우리는 잠재력을 꽃피우기 위해 애쓰지만, 꽃은 저절로 아름답게 피어난다. 미인대회에 나가는 여성들은 웃는 연습을 하지만, 아기들은 연습하지 않아도 천상天上의 미소를 짓는다. 유위의 길은 인위적 노력이 있고, 무위의 길은 인위적 노력이 없다. 노력effort은 중요하다. 그러나 노력 없음 effortlessness은 훨씬 더 중요하다. 노력은 노력 없음의 경지에 이르기 위한 과정일 뿐이다. 현자들이 말한다. "무위는 유위보다 훨씬 더 중요하다." Doing nothing is far more important than doing something.

길을 가르친 이가 있다. 노자老子이다. 노자는 무위의 길, 자연의 길, 곧 무위자연無爲自然의 길을 가르쳤다. 그는 물을 무위자연의 표본으로 생각했다. 그의 「도덕경 道德經」에 등장하는 '상선약수' 上善若水라는 구절은 "최상의 선은 물과 같다."는 뜻이다. 물은 높은 자리를 피하여 아래로 내려가므로 다투지 않으며, 만물을 이롭게 하면서도 보상을 구하지 않는다. 물처럼 사는 삶은 가장 이상적인 삶이다. 그러나 대부분의 사람들은 노자의 길을 거스른다. 탐욕 때문이다. 탐욕 때문에 길을 잃고 방황한다. 우리를 불행하게 하는 모든 것들의 원인은 바로 탐욕이다. 탐욕을 벗어놓지 않으면 우리는 결코 행복할 수 없다.

"나는 길이다." I am the way.라고 말한 이가 있다. 예수이다. 「성경」에서 가장 아름답다고 느껴지는 예수의 가르침이 있다. "공중의 새들을 보라! 들꽃이 어떻게 자라는가 살펴보라!" 노자의 길과 예수의 길은 다르지 않다. 노자는 물을 예로 들었고, 예수는 새와 들꽃을 예로 들었을 뿐, 두 분 모두 무위의 길을 일깨우고 있다. "무위는 곧 신이다." 한자로는 無爲則神이다. 무위의 길을 가면, 신과 하나가 된다는 뜻이다. 탐욕을 벗어놓으면, 노력하지 않아도 모든 일이 자연의 순리대로 풀리기 마련이다. 그래서 노자는 無爲而無不爲라고 하였다. "아무 것도 하지 않으나 못하는 일이 없다."는 뜻이다.

인간은 본래 자연의 일부이다. 그러나 탐욕으로 인해 비자연非自然으로 타락하였다. 하늘같이 티 없는 본래의 순수한 마음을 상실한 것이다. 그러므로 이제 우리는 그 순수함을 회복하여 다시 자연과 하나가 되지 않으면 안 된다. '자연과 하나 되는 것' becoming one with nature은 '신과 하나 되는 것' becoming one with God이다. 스피노자Spinoza에 의하면, "신은 자연이다." God is nature. 신과 하나 되고 자연과 하나 될 때에만 우리는 신바람 나는 무위의 삶을 체험한다. 이는 쉽지 않은 일이지만 우리는 해낼 수 있고 또 해내야 한다. 우리는 물같이 바람같이 또 새처럼 들꽃처럼 살다가 갈 수 있고 또 그렇게 살다가 가야 한다.

탐욕을 벗어놓으면, 노력하지 않아도...

의식과 무의식
Consciousness & Unconsciousness

정신분석학의 창시자 프로이트^{Freud}는 꿈에 대해 과학적으로 연구한 최초의 인물이다. 그는 1900년 「꿈의 해석」이라는 책에서, 꿈이란 '무의식 속에 저장되어있던 감정의 덩어리가 의식의 표면으로 떠오르는 현상'임을 밝혔다. 인간의 심리현상은 자연현상과 마찬가지로 인과법칙의 지배를 받는다. 입력된 대로 출력되는 컴퓨터처럼, 마음 깊은 곳에 받아들인 긍정적인 또는 부정적인 에너지들이 꿈으로 나타난다. 꿈은 마음의 상태를 우리에게 알려준다. 꿈이 혼미하다면 마음이 혼미한 것이고, 꿈이 평화롭다면 마음이 평화로운 것이고, 꿈이 없다면 무심無心의 상태에 있는 것이다. 옛말에도 "진인眞人은 무몽無夢"이라 하였다.

무의식의 세계를 정화하지 않으면, 우리는 혼미스런 꿈에 시달리게 된다. 혼미스런 꿈은 무의식의 세계를 정화하라는 신호이다. 프로이트는 인격을 무의식적 욕망인 '이드' ^{id} 또는 '리비도' ^{libido}

와, 이를 조정하는 '자아' ego와, 자아를 통제하는 '초자아' superego의 세 차원으로 나누었다. 그리고 초자아의 통제역할이 없다면 감정의 덩어리를 깨끗이 녹여버릴 수 없으며, 자아의 조정역할이 없다면 욕망의 노예상태를 벗어날 수 없다고 하였다. 실로 자신의 마음을 다스리지 못하고 소유욕이나 지배욕처럼 우리의 삶을 어둡게 하는 욕망에 사로잡힌 사람은, 과거의 기억에 매달려 살면서 현재 속에서 일어나는 일을 잘 알아차리지 못하고, 매사에 기계적으로 습관적으로 무의식적으로 임하게 된다.

어떤 사람이 부처님께 물었다. "선생님과 선생님의 제자들은 무슨 수행을 하고 있습니까?" "우리는 앉고, 걷고, 먹는다." "그렇지만 선생님, 누구나 앉고, 걷고, 먹지 않습니까?" "우리가 앉을 때, 우리는 우리가 앉고 있다는 것을 알고, 우리가 걸을 때, 우리는 우리가 걷고 있다는 것을 알고, 우리가 먹을 때 우리는 우리가 먹고 있다는 것을 안다." 틱낫한 스님의 저서 「Living Buddha, Living Christ」에서 읽은 내용이다. '알아차림' awareness은 우리의 삶을 빛나게 한다. 자신의 안팎에서 일어나는 일을 매순간 명쾌하게 의식하는 사람은 빛 속에 사는 사람이고, 의식하지 못하는 사람은 어둠 속에 사는 사람이다. "의식은 빛이고, 무의식은 어둠이다." Consciousness is light, unconsciousness is darkness.

프로이트의 이론은 빙산으로 설명된다. 수면 위에 떠오른 8.3%의 얼음은 의식세계를 상징하고, 수면 아래 잠긴 91.7%의 얼음은 무의식세계를 상징한다. 무의식의 세계가 차지하는 비중이 엄청나다. 인간의 생각과 행동을 지배하는 힘이 거기 숨어 있다. 그러나 무의식의 어둠을 비출 만큼 의식의 빛이 강하다면, 무의식세계는 빛으로 채워지고, 의식과 무의식의 장벽은 사라질 것이다. 밑바닥이 보이는 깨끗한 바다처럼 우리의 무의식이 온전히 정화될 때, 순수한 의식만 초롱초롱 깨어있을 것이다. 무의식 속에 깃든 부정적인 에너지들, 곧 기억의 찌꺼기와 감정의 덩어리와 욕망의 불순물을 제거하는 것은 우리의 평생과제lifetime project이다. 이 과제를 해결하지 못하면 우리는 결코 순수의식을 체험할 수 없다.

프로이트는 인간의 마음을 의식意識, 전의식前意識, 무의식無意識의 세 영역으로 구분했지만, 심리학 연구로 타의 추종을 불허하는 불교의 유식학唯識學에서는 인간의 마음을 안식眼識, 이식耳識, 비식鼻識, 설식舌識, 신식身識, 의식意識, 자아의식自我意識, 무의식無意識, 순수의식純粹意識의 아홉 영역으로 구분한다. 순수의식은 우리의 마음 가장 깊은 곳에 자리하고 있다. 호수에 비유하면 흔들림 없는 밑바닥이다. 순수의식은 자아의식의 틀을 벗어나고 무의식의 벽까지 통과한 자가 도달할 수 있는 곳이며 항상 깨어있는 의식이다. 모든 생명이 하나임을 깨닫고 흔들리지 않는 마음의 평화를 누릴 수 있는 곳은 바로 이곳이다. 순수의식은 神의식, 우주의식, 붓다의식, 그리스도의식 등으로 불린다.

흔들리지 않는 마음의 평화를...

이기주의와 이타주의
Egoism & Altruism

돈을 우상偶像처럼 섬기는 사람들이 많다. 그러나 예수의 가르침은 단호하다. "하느님과 돈을 함께 섬길 수는 없다." You cannot serve both God and money. 돈에 정신이 팔린 이들에게 예수의 가르침이 들릴 리가 없다. 더 많은 돈을 벌기 위해 그들은 비교와 경쟁만이 사는 법이라고 믿으면서 타인을 짓밟고 일어서는 일에 익숙해진다. 배금주의拜金主義 mammonism와 이기주의利己主義는 이렇게 맞물려 돌아간다. 돈에 대한 잘못된 생각이 사람들을 이타주의利他主義로부터 멀어지게 한다. 이기주의의 검은 물결이 도처에서 넘실거리고 있다. 가정도 학교도 그 물결로부터 결코 안전한 피난처가 될 수 없다. 순수한 아이들까지 어른들의 오염된 가치관에 젖어들고 만다.

'문명과 자연'이라는 제목으로 강의를 하던 날, 아이들은 고개를 숙이고 열심히 영어단어를 공부하고 있었다. 한 시간 후의 영어과 수행평가에 대비하기 위해서였다. 괴로움을 참으면서 간신히 수업을 마쳤다. 필요한 것을 위해 중요한 것을 외면하는 아이들의 모습이 괴로움을 가중시켰다. 성적경쟁에서 패배해서는 안 된다는 아이들의 강박관념을 나는 분명히 보았다. 아이들의 관심은 오로지 명문 대학, 좋은 직업, 높은 지위, 많은 보수…. 결국 돈을 탐하는 이기주의에 자신도 모르게 세뇌된 것이다. 가슴이 아프다. 정성을 다하여 만들어 놓은 마음의 양식이 이렇듯 무가치하게 취급되어도 되는가. 주어진 순간에 집중하는 지혜를 외면하고 한 시간 후의 지식경쟁을 걱정하는 아이들의 미래가 아름다울 수 있을까.

타인에 대한 배려가 있을 때 우리는 인간답게 변모할 수 있다. 그것은 아주 작은 일로부터 시작된다. 쓰레기를 아무데나 버리지 않는 일, 수업시간에 경청하는 일, 지하철에서 좌석을 양보하는 일 등, 작은 배려에 민감하기 바란다. 작은 일을 충실히 해내는 이들에게만 큰 일이 주어지는 법이고, 그리하여 큰 인물이 탄생되는 법이다. 우리는 일상의 삶 속에서 주변의 인물들을 이롭게 하기 위해 비록 작은 일이라 할지라도 무언가를 해야 한다. 작은 일의 가치를 결코 소홀히 해서는 안 된다. 마더 데레사는 작은 일에 대하여 다음과 같이 아름다운 가르침을 남겼다. "우리는 위대한 일이 아니라, 오직 작은 일만을 위대한 사랑으로 할 수 있을 뿐이다." We can do no great things, only small things with great love.

타인을 이롭게 하자는 홍익인간의 이념은 우리 민족정신의 뿌리이다. 식물의 뿌리가 흔들리면 꽃이 피어나지 않듯이, 우리의 근본정신이 흔들리면 우리는 번영할 수 없다. 석가도 타인을 돕는 행위를 모든 덕행 중 최고의 덕행이라 가르쳤고, 예수 역시 타인을 위해 목숨까지 바친 위타爲他의 모범이었다. 위타의 삶을 살기 위해서는 희생이 요구된다. 자기희생 없이는 타인을 위한 삶을 살아갈 수 없다. 그러나 한창 피어나는 아이들에게 살신성인의 엄청난 희생을 기대하지는 않는다. 다만 아주 작은 희생들에 인색하지 않기를 바란다. 희생하기 싫어하는 이기적인 인간이 성공하는 예를 우리는 본 적이 없다. 반면, 작은 희생이든 큰 희생이든 모든 희생이 순간마다 기쁨으로 바뀌면서 결실을 맺는 모습을 우리는 늘 본다.

나이가 들어가면서 우리는 철없는 어린 시절에 보이던 이기적인 모습을 탈피해 간다. 타인에 대한 관심의 폭이 점차 확대되면서 우리는 이타적인 자세를 배우게 된다. 타인에 대한 존경이 결국 자신에 대한 존경으로 이어지는 것임을 이해하기 시작한다. 자신보다 타인을 낮게 여길 만큼 자신을 낮추는 것이 인생을 밝게 가꾸는 비결임을 인정하게 된다. 결혼을 하고 아기를 낳아 기르면서 지니게 되는 모성애와 부성애는 우리로 하여금 완벽한 이타, 위타의 길을 가게 한다. 그리고 우리는 마침내 "받는 것보다 주는 것 안에 더 큰 행복이 있다." _{There is more happiness in giving than in receiving.}는 것을 깨닫게 된다. 결혼 이전에 이미 그러한 깨달음을 지닌 젊은이들도 있다. 특별한 젊은이들이다.

우리는 위대한 일이 아니라,

오직 작은 일만을 위대한 사랑으로 할 수 있을 뿐이다.

이 세상과 저 세상
This World & That World

'마하반야바라밀다심경'은 불교의 가장 심오한 기도문으로서 '위대한 지혜의 완성에 이르게 하는 핵심 경문'이라는 뜻이며, 이 기도문의 끝부분에는 "아제아제 바라아제"라는 유명한 구절이 등장한다. 이는 "가자가자 건너가자."는 뜻으로, 불행으로 가득한 이 세상, 곧 차안此岸의 세계로부터 행복으로 가득한 저 세상, 곧 피안彼岸의 세계로 건너가자는 것이다. '주님의 기도' The Lord's Prayer 또는 '주기도문'은 예수가 직접 가르쳐준 기도로서 그리스도교의 가장 중요한 기도이다. 이 기도에 등장하는 '아버지의 나라' 역시 행복으로 가득한 저 세상을 의미한다. '반야심경'과 '주님의 기도' 둘 다 저 세상에 대한 갈망이 가득 담겨있다.

세상을 이 세상과 저 세상으로 나누는 관점을 이원론二元論이라 하고, 나누지 않는 것을 일원론一元論이라 한다. 라파엘로Raphaelo가 그린 '아테네 학당'이라는 그림 속에는, 이원론을 주장하는 스승

플라톤Plato과 일원론을 주장하는 제자 아리스토텔레스Aristotle가 대립하는 모습이 극적으로 표현되어 있다. 손으로 하늘을 가리키는 플라톤과 땅을 가리키는 아리스토텔레스의 모습을 보노라면, 그들의 열변이 들리는 듯하다. "아리스토텔레스, 우리가 사는 이 세상은 불완전하지만 하늘에 있는 저 세상은 완전한 곳이야! 우리는 그 이상향을 그리워하며 살아야 하는 거야!" "선생님, 그런 세상은 존재하지 않습니다! 완전하고 이상적인 세상이 있다고 해도 우리가 살고 있는 이 현실의 세상 속에 숨어 있습니다!"

이들의 주장은 모두 옳다. 현실과 이상을 둘로 나누는 관점도 틀리지 않고, '현실-이상'을 '나눌 수 없는 것' inseparable thing으로 여기는 관점도 틀리지 않다. 두 언덕을 기대고 강이 흐르지만, 두 언덕은 강 밑으로 연결된 하나의 땅이라는 사실에 주목해 보자. 부분적으로 보느냐 전체적으로 보느냐에 따라, 언덕은 둘이 되기도 하고 하나가 되기도 한다. 전체적인 시각이 요구되고 있지만 부분적인 시각도 무시할 수 없다. 그래서 지혜로운 이들은 '하나인 둘'이라는 용어를 구사한다. 한자로는 不一不二이다. 하나도 아니고 둘도 아니라는 뜻이다. 원효대사도 "둘이 아니지만 하나임을 고집하지 않는다."고 설파說破한 바 있다. 한자로는 不二而不守一이다.

"…아제아제 바라아제…"를 낭송하는 불자Buddhist나 "…아버지의 나라가 오시며…"를 낭송하는 그리스도인Christian이 아니더라도, 우리는 이 세상을 살아가면서 진, 선, 미로 가득한 저 세상을 애타게 그리워하며 영원히 지속되는 행복을 누리고 싶어 한다. 그곳은 피안, 니르바나Nirvana, 불계佛界, Idea界, 유토피아Utopia, 모크샤Moksa, 하느님 나라, 마음의 고향 등 여러 이름으로 불린다. 그러나 이름은 중요하지 않다. 지극한 행복을 누릴 수 있는 마음의 상태가 중요하다. 현자들에 의하면 저 세상은 '장소개념'이 아니라 '상태개념'이다. 깨끗한 마음의 상태 그 순수 에너지가 바로 극락極樂인 것이다. 물론 생전에 충전된 마음 에너지가 사후에도 보존되고 그 파동이 지속될 것이라 믿는 것은 어렵지 않다.

저 세상은 아마도 시간과 공간을 뛰어넘은 세상일 것이다. 깨끗한 마음으로 살아가는 이들, 자비롭고 슬기롭게 살아가는 이들, 생사대사生死大事를 초탈한 이들은 무시간과 무공간의 비밀스러움을 아마도 지금 여기에서 앞당겨 맛보며 살아갈 것이다. "누구나 부처가 될 수 있다." Everyone can be a Buddha.는 석가의 가르침과 "하느님 나라는 너희 안에 있다." The Kingdom of God is within you.는 예수의 가르침이 우리에게 큰 힘을 준다. 만일 우리의 마음이 깨끗하지 못하다면, 우리는 이 세상에서도 저 세상에서도 결코 행복하지 못할 것이다. 마음의 정화淨化를 위한 분투를 치열하게 지속한다면, 우리는 필연코 이 세상과 저 세상 사이의 심연을 뛰어넘는 지복至福 supreme happiness을 누릴 수 있을 것이다.

부분적으로 보느냐 전체적으로 보느냐

있음과 없음
Being & Nonbeing

원효스님은 유$_有$와 무$_無$에 대해 다음과 같이 설명하였다.

"열매와 씨는 하나가 아니다. 그 모습이 같지 않기 때문이다. 그러나 다르지도 않다. 또 단절되어 있지도 않다. 그런데 함께 있는 것도 아니다. 열매가 생기면 씨는 없어지기 때문이다. 씨는 열매 속에 들어가지도 않는다. 열매를 맺을 때는 옛날의 그 씨가 아니기 때문이다. 열매가 씨 밖으로 나오는 것도 아니다. 씨를 뿌렸을 때는 열매가 없었기 때문이다. 들어감도 나옴도 없기에 태어남이 없다. 언제나 지속되는 것도 단절되는 것도 아니기에 사라짐도 없다. 사라지지 않기에 무$_無$라고 말할 수도 없고, 태어나지 않음으로 유$_有$라고 말할 수도 없다."

우리나라 역사상 최고의 사상가로 추앙받는 원효스님은 열매와 씨의 관계를 통해 "있음과 없음은 같은 것의 두 부분" Being and nonbeing are two parts of the same thing. 임을 일깨운다. 깊이 들여다보면 씨 안에 열매가 있지도 없지도 않고, 열매 안에 씨가 있지도 없지도 않다. 有와 無는 어울려 있으며 함께 존재한다. 동양철학에서 有와 無는 대립하지 않고 상통한다. 서양철학에서 有無는 존재개념이며 동양철학에서 有無는 인식개념이다. 서양철학에서 無는 '아무 것도 없음'으로 규정하지만, 동양철학에서 無는 '인간이 알 수 없는 그 무엇'으로 규정한다. 다만 알 수 없을 뿐, 분명히 존재하고 있는 것이 無라는 것이다. 동양철학에서 無는 무한無限, 부한자無限者, 절대자, 하느님과 동의어이다.

모든 '있음'은 '없음'에서 비롯된다. 허공에서 별들이 탄생되듯이, "무에서 유가 생긴다." 한자로는 '有生於無'이다. 탄생된 별들은 수명이 다하면 소멸되지만, 허공은 소멸되지 않는다. 사람들은 관심조차 갖지 않지만 허공은 모든 존재의 근원이다. 허공이 없으면 아무 것도 존재할 수 없다. 사람들은 有의 세계에만 관심을 갖는다. 그러나 보다 중요한 것은 허공, 곧 無의 세계이다. 원효스님에 의하면 有의 세계는 생멸生滅의 세계이고, 無의 세계는 절대 진리, 곧 진여眞如의 세계이다. 스님은 물거품 같은 생멸의 세계에 집착하지 않고 본래의 고향인 진여의 세계로 돌아가도록 마음을 정화할 것을 촉구했다. 우리가 중생의 마음을 버리고 부처의 마음을 지닌다면, 보이지 않는 진여세계의 신비를 바라볼 수 있을 것이다.

동방의 성인聖人이라 불리는 류영모 선생은 이렇게 말하였다. "하느님이 없다면 어떤가. 하느님은 '없이 계시는 분'이다. 그래서 하느님은 언제나 시원하다." 놀라운 선언이다. 有와 無를 뛰어넘는 동양철학의 그 오묘한 도리를 깨우치지 못했다면, 도저히 생각해낼 수 없는 표현이다. 이 분은 "하느님은 허공이시다."라고 고백하기도 했다. 허공 속에 숨어있는 신비로운 기운을 강하게 느낄 만큼 마음의 눈이 환히 열려있지 않았다면, 이 기묘한 고백은 불가능했을 것이다. 텅 빈 상태로서 존재하는 허공은 참으로 은밀하게 있음과 없음이 하나임을 알려주고 있다. 있음과 없음, 곧 존재와 비존재가 하나임을 깊이 이해할 수 있다면, 하느님의 존재 여부를 놓고 다투는 일은 사라질 수밖에 없다.

카프라Capra의 저서 「현대 물리학과 동양사상 The Tao of Physics」에서는, 대기권에서 발생하고 있는 소립자들과 에너지의 끊임없는 율동적 무도舞蹈를 사진으로 보여주고 있다. 육안으로 직접 볼 수 있다면, 우리는 그 장대한 광경 앞에 경탄하지 않을 수 없을 것이다. 아무 것도 없는 듯이 보이지만, 매순간 찬란하게 '춤추는 우주' dancing universe가 바로 허공이다. 그러나 미시세계微視世界 micro world에 대해 아무 것도 모르는 이들에게 허공은 단지 의미 없는 無일 뿐이다. 허공의 의미를 차츰 밝혀갈 때, 無는 차츰 有가 된다. 無와 有의 이 같은 '분리할 수 없는 연결' inseparable connection을 이해하는 이들만이 류영모 선생처럼 無, 無限, 無限者를 향한 명상의 지평을 시원하게 열어갈 수 있다.

있음과 없음은 같은 것의 두 부분

자아와 비자아
Self & Unself

꽃을 꺾으면 별이 흔들린다고 한다. 세상의 모든 것이 서로 연결되어 있음을 극적으로 표현한 것이겠다. 양자물리학에서 말하듯이 세상의 "모든 것은 다른 모든 것과 연결되어 있다." Everything is connected to everything else. 독자적으로 존재할 수 있는 것은 이 세상에 아무 것도 없다. 모두가 서로에게 의존하고 서로에게 영향을 준다. 예컨대, 꽃은 빛과 공기와 물과 흙과의 관계 속에서 피어난다. '꽃 아닌 것'과 관계없이 '꽃'은 피어날 수 없다. 바다 없이 파도가 솟구칠 수 없는 것과 같다. 인생도 마찬가지다. '나' 自我 self는 '나 아닌 것' 非自我 unself과 관계없이 존재할 수 없다. 그래서 현자들은 말한다. "인생은 관계이다." Life is relationship.

'꽃 아닌 것' 없이 '꽃'이 있을 수 없다면, 반대로 '꽃' 없이 '꽃 아닌 것'도 있을 수 없을까? 있을 수 없다! '꽃'을 이루는 것은 소립자들이며, '꽃 아닌 것' 역시 같은 소립자들로 이루어져 있기 때문이다. 파도가 없으면 바다가 있을 수 없는 것과 마찬가지다. 파도를 이루는 H_2O가 없다면, 어떻게 바다가 있을 수 있겠는가. '나 아닌 것' 없이 '나'는 있을 수 없고, '나' 없이 '나 아닌 것'도 있을 수 없다. "신의 근거는 곧 나의 근거이고, 나의 근거는 곧 신의 근거이다."라고 말한 마이스터 에크하르트의 사상이나, '대립물 일치의 원칙'을 발견한 니콜라우스 쿠자누스의 철학이 우리의 확신을 뒷받침한다.

'나 아닌 것'은 신神일 수도 있고, 자연일 수도 있고, 인간일 수도 있다. '나'와 '나 아닌 것'의 관계에 대해 깊이 묵상할수록, 신과 인간의 벽, 자연과 인간의 벽, 인간과 인간의 벽이 사라지는 황홀경悅惚境 ecstasy을 체험하게 된다. 아무리 하찮은 미물일지라도 우주와 하나로 이어진 놀라운 존재임을 깨우치게 된다. 파도가 잠시 솟구쳤다가 바다로 다시 가라앉듯, 짧은 인생의 종말은 본래의 고향으로 복귀하는 순간임을 이해하게 된다. 시·공의 제약을 받는 사물들이 시·공을 초월한 세계와 연결되어 있음을 관조觀照 contemplation하게 된다. "한 알의 모래 안에서 세계를 보며, 한 송이 들꽃 속에서 천국을 본다."는 윌리엄 블레이크의 시구詩句에 공명共鳴하게 된다.

자연과 깊이 공명하는 사진작가 황인선 교수님이 제공한 멋진 사진으로 이 책의 여백을 꾸며보았다. 정성이 가득 담긴 교수님의 사진과 나의 부족한 묵상글이 청소년들에게 작은 울림이 되기를 바란다. 「묵상수필 40」과의 만남이 자기중심의 닫힌 마음을 조금씩 열어가는 소중한 기회가 되기를 바란다. 특별히 '자아와 비자아'에 대한 사색과 명상을 통하여, 지혜의 눈을 뜨고 진리의 길을 걸을 수 있기를 바란다. 그리하여 '나'와 '나 아닌 것' 사이에 가로놓인 무관심과 비교와 경쟁과 분노의 장벽을 허물고, 마치 바다와 파도가 하나이듯 모두가 하나되는 기쁨으로 가득하기를 바란다. 서로 갈라져 싸우기를 일삼는 이들이 쏟아내는 어둠의 세력을, 하나됨의 빛으로 몰아내는 강인하고 아름다운 삶이 날마다 지속되기를 바란다.

태극문양을 우리의 국기國旗로 만든 조상들의 지혜가 너무도 자랑스럽다. 자아와 비자아를 상징하는 파란색 음방과 빨간색 양방이, 머리와 꼬리를 지닌 생명체처럼, 상대방의 자리를 향해 힘차게 이동한다. 자기중심적인 삶의 태도를 극복하고, 상대방과 하나가 되고자하는 모습이다. 그리하여 S字 경계선마저 사라지는 순간이 오면, 그 세계는 너무도 크고 넓게 확장되므로 이를 태극太極이라 칭하기도 하고 무극無極이라 칭하기도 한다. 자아와 비자아가 합일하는 이 순간의 감격을 우리는 신인합일^{神人合一}, 자타불이^{自他不二}, 물아일체^{物我一體}라 일컫는다. '자아와 비자아의 합일의식'이야말로 난해한 암호로 가득한 이 세상의 비밀을 남김없이 해득^{解得}할 수 있는 가장 위대한 지혜의 현현^{顯現}이다.

한 알의 모래 안에서 세계를 보며,
한 송이 들꽃 속에서 천국을 본다.

자유와 부자유
Freedom & Nonfreedom

우리 마음 안에서 지혜와 욕망이 싸운다. 이를 '내면의 싸움' inner combat이라 한다. 지혜가 욕망을 지배할 때, 우리는 자유自由를 경험한다. 그러나 욕망이 지혜를 지배할 때, 우리는 부자유不自由를 경험한다. 우리는 언제나 갈림길 -자유인이 되는 길과 부자유인이 되는 길- 앞에 놓여있다. 물론 우리의 궁극적인 목적은 자유인freeman이 되는 것이다. 비록 단기적인 목표는 원하는 대학에 진학하는 것이지만, 그것은 궁극적인 목적의 성취와는 거리가 멀다. 지능이 높은 학생은 입시경쟁에 유리하겠지만, 쇼펜하우어 Schopenhauer가 말한 대로 "천재天才는 지혜가 많고 욕망이 적은 사람이며, 범인凡人은 지혜가 적고 욕망이 많은 사람이다."

역사철학의 창시자로 알려진 헤겔Hegel은 '자유'의 이념을 근본원리로 삼아 인류의 역사를 조망했다. 세계사는 '인류가 자유를 획득하고 확장시켜 나아가는 과정'이라 본 것이다. 실로, 동서고금을 막론하고 자유는 모든 이의 염원이다. 인간뿐만 아니라, 비록 미물微物일지라도, 살아있는 모든 것은 속박을 싫어한다. 그러나 자유는 방종과 구별되어야 한다. 자신이 자유롭게 살기 위하여 타인의 자유를 침해하는 일이 있어서는 안 된다. 단 한 사람도 소외됨 없이, 모든 이를 모든 형태의 부자유로부터 해방시키는 것이 우리에게 주어진 시대적 사명이다. 물론 진정한 해방이란 가혹한 '외적 속박' outer bondage에도 불구하고 흔들림 없는 '내적 자유' inner freedom를 누리는 데 있음을 확신할 수 있어야 한다.

모멸과 고문과 죽음, 그 부자유의 극한 속에서도 평화로운 마음을 잃지 않는 아름다운 영혼들을 본다. 생명에 대한 집착마저도 끊을 수 있는 엄청난 용기, 그 '절대자유' absolute freedom의 원천은 바로 '진리' 眞理 truth이다. 진리에 대한 투철한 신념은 죽음의 공포를 이겨낼 '신적神的인 힘' divine power을 솟게 한다. 목숨을 바쳐가며 진리를 굳건히 간직한 이들은 세상에서 가장 빛나는 이들이다. 절체절명의 위기 앞에서도 당당할 수 있다는 것은 세상에서 가장 영예로운 일이다. 부끄럽지 않은 삶을 영위하고 싶다면, 진리와 자유를 향한 장엄한 여정旅程을 지금부터 시작해야 한다. 자질구레한 욕망에 시달리는 자신의 내면을 깊이 성찰하고 정화하는 일로부터 이 여정은 시작된다.

베르그송이 밝힌 바와 같이, 자유롭게 되기 위해서는 자기의 참 모습을 알지 않으면 안 된다. "자기를 아는 것은 신을 아는 것" To know oneself is to know God. 이고, "신은 진리" God is truth. 이며, "진리는 우리를 자유롭게 한다." Truth makes us free. '자기발견'과 '신神발견'과 '진리발견'과 '자유발견'은 서로 분리될 수 없는 명제들이다. 드 멜로 신부의 「Awareness」에 등장하는 독수리-닭의 이야기는, 이러한 명제들에 무관심함으로써 자유인으로 변모할 수 있는 스스로의 잠재력을 알지 못하고 부자유와 불행을 자초하는 이들의 이야기이다. 이어지는 양-사자의 이야기는, 자기의 참 모습을 발견함으로써 왕다운 품위와 '신적神的 자유' divine freedom를 구가하도록 우리를 일깨우는 이야기이다.

병아리와 함께 알을 까고 자라던 독수리 새끼는 닭처럼 늙어갔다. 어느 날, 하늘에 큼직한 새가 우아하게 날고 있었다. 독수리-닭은 경외심에 가득 차, 닭에게 물었다. "저분이 누구지?" "저분은 새들의 왕이신 독수리야. 하지만 딴 생각일랑은 마라. 너나 나나 저분과는 달라." 독수리-닭은 아예 딴 생각일랑 하지 않았고, 죽을 때까지 자기는 닭이라고 여겼다.

양떼 속의 사자가 새끼 때부터 양처럼 울고, 양처럼 거닐며, 양들에 의해 길러졌다. 사자가 그 양-사자에게 다가가 정면에 서자,

양-사자는 사지를 부들부들 떨었다. "양들 속에서 무얼 하는 거냐?" "나는 양이예요." 사자는 그를 데리고 연못으로 갔다. "봐라!" 물에 비친 자신의 모습을 보는 순간, 양-사자는 목청껏 포효했고 다시는 전前과 같지 않았다.

진리와 자유를 향한 장엄한 여정을...

작은 나와 큰 나
Little Self & Great Self

의미는 사실을 능가한다. 깊은 의미를 지닌 이야기가 있다면, 비록 사실이 아닐지라도 사실보다 더 큰 가치가 있다. 작은 나를 녹여 없애고 큰 나로 변신하는 '소금인형 이야기' salt-doll story는 참으로 깊은 의미를 우리에게 전하고 있다. 소금인형이 자신을 알기 위한 여행을 한다. 고달픈 여행 끝에 바다를 만난다. 처음으로 느끼는 벅찬 마음으로 바다에게 묻는다. "당신은 누구십니까?" Who are you? 바다는 웃으며 대답한다. "들어와 보라." Come and see. 소금인형은 망설이다가 마음을 굳게 먹고 바다로 들어가기 시작한다. 깊이 들어갈수록 소금인형은 녹아서 점차 작아진다. 드디어 작은 알갱이마저 녹아 사라지면서 감동스럽게 외친다. "이제야 내가 누구인지 알았다!" Now I know who I am!

소금인형은 녹아서 바다와 하나가 되었다. 소금인형은 죽은 것이 아니라 변한 것이다. 존재하는 모든 것은 아무 것도 죽을 수 없다. 단지 변할 뿐이다. 작은 소금인형이 큰 바다로 변신하는 이 멋진 이야기는, 자기무화自己無化 self-nullification를 통한 자기확장自己擴張 self-expansion의 지혜를 그림처럼 산뜻하게 전해주고 있다. 개체생명個體生命이 사라져야만 전체생명全體生命과 하나가 된다는 것을 분명하게 일깨우고 있다. 사실 우주전체는 '단 하나의 생명' only one life이다. 우리가 주체와 대상을 구분하고 너와 나를 분리시키는 것은, 소금인형처럼 자기를 없애지 못했기 때문이다. 자기를 없앤다는 것은 심리적으로 자기를 죽이는 것을 의미한다.

심리적인 죽음이란 시기, 분노, 공포, 탐욕 등의 어리석은 마음을 없애는 것이다. 심리적으로 죽을 때, 바다와 하나가 된 소금인형처럼 우리는 비로소 세상과 하나가 될 수 있다. 좁은 마음, 닫힌 마음, 어두운 마음이 사라지고, 넓은 마음, 열린 마음, 밝은 마음이 된다. 긍정적인 에너지가 내면세계로부터 분출하기 시작한다. 우주전체가 단 하나의 생명임을 볼 수 있게 된다. 소아小我가 사라지고 대아大我로 변신하는 감격은 말이나 글로 표현할 수 없다! 우리는 본래의 고향에 도달했고 존재의 근원을 파악했다! 자신을 알기위한 오랜 여정이 끝났다! 우리도 소금인형처럼 외칠 수 있다! "이제야 내가 누구인지 알았다!"

나를 아는 것보다 중요한 것은 없다. "나는 누구인가?" Who am I?라는 물음은 우리의 평생화두가 되어야 한다. 이 물음에 대한 답은 저절로 얻어지지 않는다. 자기를 알고저하는 간절한 염원과 소금 인형처럼 자기를 희생하는 용기가 요구된다. 자기희생을 두려워해서는 안 된다. 희생을 통해 우리의 삶은 보다 빛나고, 보다 풍요롭고, 보다 자유롭게 변신한다. 초가 자신의 몸을 살라 어둠을 밝히는 모습을 보라! 작은 씨앗이 썩어 많은 열매를 맺는 모습을 보라! 애벌레가 죽음처럼 두려운 번데기의 과정을 거쳐 나비가 됨으로써 보다 높은 차원의 삶으로 들어가는 것을 보라! 3차원의 인간이 4차원의 비전을 창출할 수 있는 길은 분명 이러한 자기희생 속에 숨어있으리라.

세상에는 오직 두 종류의 사람들이 있을 뿐이다. 작은 나를 희생하여 큰 나로 승화되는 사람과 큰 나를 외면하고 작은 나로 만족하는 사람이다. 어리석은 사람은 작은 것을 얻기 위해 큰 것을 버리지만, 슬기로운 사람은 큰 것을 얻기 위해 작은 것을 버린다. 버림으로써 풍요로워지는, 그리고 비움으로써 충만해지는 역설적 진리를 그들은 잘 알고 있기 때문이다. 불교에서 강조하는 '텅 빈 충만' Empty Fullness은 생각하면 생각할수록 빛나는 지혜이다. 그리스도교의 핵심인 '십자가의 고난을 통한 부활의 영광'도 결국 같은 내용이다. 도교의 '무위자연'^{無爲自然}과 유교의 '살신성인'^{殺身成仁}의 의미도 결코 다르지 않다. 지혜의 눈이 열린 성현들의 가르침은 종교 간의 벽을 넘어 근본적으로 동일하다.

소아가 사라지고 대아로 변신하는 감격은...

주는 것과 받는 것
Giving & Receiving

식목일 전날, 상담실에 있던 빈 화분에 꽃나무를 심기 위해 학교 근처 꽃가게를 찾으러 다니다가 마침 트럭에 화분을 잔뜩 싣고 팔러 다니는 이동화원을 만났다. 장미와 핑크랜드, 치자나무와 자스민을 화분 두 개에 나누어 심은 후 상담실에 갖다 놓았다. 선생님들이 즐거워하면서 향기를 감상하셨다. 새 화분을 선물 받은 것보다 훨씬 기분이 좋았다. 몇 푼 안 되는 돈과 약간의 수고로 상담실 분위기를 조금이라도 새롭게 할 수 있었다는 것이 스스로 대견스러웠다. "주는 것이 받는 것보다 더 행복하다." It is more blessed to give than to receive.는 요한 바오로 2세의 2003년 사순절 메시지가 기억났다.

무언가를 베풀 때는 아무런 조건이 없어야 한다. 되돌려 받을 것을 전혀 기대하지 않는 '조건 없는 베풂' unconditional giving만이 참으로 의미 있는 베풂이다. 누군가를 돕기 위해 시간과 금전과 노동력을 아낌없이 나누는 자원봉사자들이 한결같이 고백하고 있다. 도움을 받는 것은 오히려 봉사자 자신들이라고! 베풂에 익숙하지 못한 이들이 기억해야 할 명언이 있다. "베풀면 베풀수록 더욱 많이 얻는다." The more we give, the more we receive. 어렸을 때부터 지금까지 우리는 타인들로부터 무언가를 받는 것을 좋아하며 살아왔다. 진정으로 성숙한 인격을 갖추기 위해서 우리는 이제 'giving'에 익숙해져야 한다. 인격의 핵심은 사랑이며 오직 사랑할 줄 아는 이들만이 베풀 줄 알기 때문이다.

사회심리학의 수퍼스타였던 에리히 프롬 Erich Fromm은 「사랑의 기술 The Art of Loving」에서 사랑에 대해 명쾌하게 정의를 내린다. "사랑은 받는 것이 아니라, 주는 것이다." Love is giving, not receiving. 이 단순한 사랑의 진리를 이해하고 실천하는 사람은 행복하다. 그러나 대부분의 사람들은 주는 사랑보다 받는 사랑에 집착하므로 행복할 수 없다. 가톨릭대학에서 윤리신학을 가르쳤던 최창무 대주교는 성性윤리의 세 차원을 Sex, Eros, Agape로 분류한다. Sex는 receiving이 중심이 되고, Eros는 giving과 receiving이 함께 있으며, Agape는 giving이 중심이 된다. 일방적으로 절대적으로 무조건적으로 베푸는 어버이의 사랑에서 드러나듯이, 사랑의 완성은 언제나 아가페 Agape의 차원이다.

정신생리학의 세계적인 권위자로 알려져있는 디팍 초프라^{Deepak} ^{Chopra}의 저서 「The Seven Spiritual Laws of Success」에서 읽은 인상적인 한 구절을 소개한다. "giving의 흐름을 유지시킴으로써만 세포는 받을 수 있는 능력을 갖게 되고 그리하여 그의 활기찬 생존을 계속할 수가 있다." giving이라는 흐름을 중단하면 결국 세포가 죽는다는 뜻이다. 하나의 세포에서 일어나는 그런 일이 우리의 삶에도 일어날 수밖에 없다. 세포는 우리들 생명의 축소판이기 때문이다. '베풂의 법칙' law of giving 이야말로 삶의 활력과 성공의 핵심요소임을 과학적으로 밝혀주는 대목이다. 이제 우리는 단호하게 말할 수 있다. 베풀지 못하는 자는 망한다. giving은 해도 좋고 안 해도 좋은 선택사항이 아니라, 생존을 위한 필수사항이다.

우리는 수치스럽게도 베푸는 데 인색하다. 우리는 이웃을 위하여 시간을 내어줄 수도 있고, 노동력을 나눌 수도 있고, 금전적으로 도울 수도 있고, 꽃을 선물할 수도 있고, 미소를 보낼 수도 있고, 이야기를 정성껏 들어줄 수도 있고, 기도를 해줄 수도 있다. 이 모든 것은 사랑이며, 사랑은 아름다운 것이며, 아름다운 것은 영원한 것이다. 어려움을 겪는 이들을 외면하지 않는 사랑이 우리들의 삶을 특별히 아름답게 만들어줄 것이다. 우리 집에서 가장 어려움을 겪고 있는 사람을 소외시키지는 않았는가. 이웃사랑은 바로 가정에서부터 시작되어야 한다. 가정은 giving을 배우고 실천하는 가장 중요한 장소이다. 가정에서 싹튼 '베풂의 문화' culture of giving는 학교와 사회와 국가와 세계로 자연스럽게 확산된다.

주는 것이 받는 것보다 더 행복하다.

참 나와 거짓 나
True Self & Untrue Self

한국인의 저술로서는 최초로 아마존 베스트셀러의 영예를 차지했던 일지一指 이승헌 선생의 「힐링 소사이어티」에는 다음과 같은 참신한 구절이 등장한다. "나의 몸은 나의 것이지, 나는 아니다. 나의 마음은 나의 것이지, 나는 아니다." My body is mine, not me. My mind is mine, not me. 몸과 마음을 자기 자신과 동일시하며 사는 사람에게는 충격적인 내용일 것이다. 몸과 마음은 '나의 것'일 뿐이고, 몸과 마음 아닌 다른 그 무엇이 참된 '나'라는 것이다. 몸과 마음은 단지 소유물所有物에 불과할 뿐이며, 이 소유물의 소유주所有主가 따로 있다는 것이다. 참된 나를 찾기 위해 애쓰는 우리의 인생여정에 결정적인 도움이 되는 구절이다.

널리 알려지지 않았지만, 장차 세계 사상계에 우뚝 솟을 큰 스승이 바로 다석多夕 류영모 선생이다. 다석 선생의 강의록 속에서 자주 발견되는 내용이 있다. 인간은 몸body과 맘mind과 얼spirit을 지니고 있으며, 몸으로 이루어진 '몸 나'와 맘으로 이루어진 '맘 나'는 거짓 나, 곧 가아假我 untrue self이며, 얼로 이루어진 '얼 나'가 참 나, 곧 진아眞我 true self라는 가르침이다. 이승헌 선생이 류영모 선생의 가르침에 영향을 받았는지 알 수 없지만, 두 분은 같은 진리를 선포하고 있다. 대부분의 사람들은 자기 자신을 몸과 맘, 곧 육적 자아physical self와 심적 자아mental self로 축소시키고 살아가지만, 이분들은 인간이 영적 자아spiritual self를 지니고 있다고 확신한다.

영靈, 곧 얼이야말로 인간의 본질이다. 인간의 얼은 신의 얼과 불가분의 관계inseparable relationship를 맺고 있다. 몸은 태어나고 죽어가며, 맘은 생겨나고 사라지지만 얼은 영원하고 무한하다. 얼은 몸과 맘의 주인이고, 몸과 맘은 얼의 도구이다. 마땅히 주인은 도구를 지배해야 하며, 도구에 의해 주인이 지배되어서는 안 된다. 많은 이들이 어둠 속에 방황하는 것은, 얼에 대한 무관심 속에서 몸과 맘에만 집착하는 얼빠진 삶을 살아가기 때문이 아니겠는가. 빛나는 얼을 지닌 자의 몸과 맘은 절로 아름다워진다는 것을 그들은 아직 모른다.

참된 것만을 가르치는 영혼의 음성, 내면의 소리, 양심의 명령에 우리는 귀를 기울여야 한다. 그러나 탐욕스럽고, 분노하기 쉽고, 어리석음에 빠지는 우리의 몸과 맘은 그 가르침에 저항하고 투쟁한다. 그러므로 우리의 거짓 나는 언제나 참 나와 전투 중이다. 현자들은 항상 자기거부self-denial, 자아소멸self-effacement, 자아포기self-abandonment를 강조한다. 이는 거짓 나를 버리라는 뜻이다. 탐욕과 분노와 어리석음을 없애라는 뜻이다. 그리하여 참 나로 온전히 변모하라는 뜻이다. 몸 나, 맘 나를 죽이고 얼 나로 새롭게 태어나야 한다는 뜻이다. 이기적인 삶을 버리고 이타적인 삶으로, 작은 나를 버리고 큰 나에로 나아가라는 뜻이다.

참 나로 변모된 인격은 하늘의 향기를 발한다. 얼굴까지도 아름답게 변화된다. 얼굴은 얼 꼴이 변해서 된 말이라고 한다. 내면의 아름다움은 참으로 사람의 외모까지 달라지게 한다. 그러나 거꾸로, 내면의 아름다움을 제쳐놓고 아름다운 외모만을 추구한다면, 거짓 나에게 휘둘리는 패자敗者가 된다. 연말이 가까이 다가오고 있다. 일 년 동안 내면의 전투inner combat에서 승자勝者로서 살아왔는지 반성하고, 거짓된 것과 참된 것을 슬기롭게 식별하며 살겠다는 새로운 다짐으로 새해를 맞이하자. 머지않아 '제야除夜의 종鐘'이 울릴 것이고, 테니슨Tennyson의 멋진 시詩 또한 우리의 심금을 울릴 것이다. "낡은 것을 울려 보내고, 새로운 것을 울려 들여라... 거짓된 것을 울려 보내고, 참된 것을 울려 들여라."

거짓된 것을 울려 보내고, 참된 것을 울려 들여라.

폭력과 비폭력
Violence & Nonviolence

　'북풍과 태양'이라는 이솝우화를 우리는 잘 알고 있다. 나그네 옷 벗기기 경쟁에서 북풍은 차갑고 세찬 바람을 불어대지만 결국 패배하고, 태양은 따스하고 부드러운 빛을 비추어 승리한다. 참으로 강한 자는 부드러움을 지닌 자라는 것과 폭력적인 행동으로는 아무 것도 이룰 수 없다는 것을 가르쳐주고 있다. 오직 비폭력의 강함만이 우리를 최후의 승리자가 되게 한다. 20세기의 수퍼스타 마하트마 간디Mahatma Gandhi가 정치적, 종교적 폭력에 맞서서 비폭력적 사랑nonviolent love으로 끝까지 승리의 삶을 살아갈 수 있었던 것은, "역사를 통틀어서 진리와 사랑의 길은 언제나 승리해왔다."All through history the way of truth and love has always won.는 그분의 강한 신념 때문이었다.

　힘의 논리를 내세우면서 타인 위에 군림하기 위해 폭력을 행사하는 자들은 트러블메이커troublemaker이고, 사랑의 원리에 충실하기 위해 비폭력을 삶의 방식으로 선택하는 이들은 피스메이커 peacemaker이다. 폭력을 사용함으로써 상대방을 이기는 것은 승리처럼 보이지만 상대방의 진심어린 존경을 받지 못하므로 진정한 승리가 아니다. 그러나 비폭력은 지혜롭게도 나와 상대방이 함께 승리하는 '윈-윈 솔루션' win-win solution을 모색한다. 사랑은 모든 문제를 해결하지만, 폭력은 파괴와 죽음을 결과할 뿐이다. 폭력은 폭력을 행하는 사람들은 물론, 폭력에 희생되는 사람까지도 비인간화非人間化 dehumanization의 늪에 빠지게 한다. 폭력문제의 해결 없이 우리에게 인간화人間化 humanization의 길은 없다.

사람들이 가상의 폭력을 즐기려고 영화관을 찾는다. 차츰 더 엽기적인 폭력을 기대하게 되면서 자신도 모르는 사이에 폭력에 물들어간다. 마침내 이들은 9.11 테러 같은 엄청난 참상을 영화처럼 생각한다. 현실과 가상을 구별하지 못하고 타인의 불행을 즐기는 이 마성魔性이야말로 참으로 심각한 심리적 폭력임을 이들이 알고 있을까? 심리적 폭력으로부터 모든 물리적 폭력이 생겨난다. 그러므로 우리는 魔性은 물론이고 질투와 증오와 분노 등의 부정적인 에너지를 제거해야 한다. 부정적인 에너지는 타인을 해롭게 하기 전에 먼저 자신을 해롭게 한다. "타인에게 폭력을 행하는 것은 당신자신에게 폭력을 행하는 것" Doing violence to others is doing violence to yourself.이라는 틱낫한 스님의 가르침은 정곡을 찌른다.

　우리의 생각이나 말이나 행동 속에서 늘 비폭력의 기술을 연습해야만 타인과의 진정한 커뮤니케이션이 가능하다. 인간의 존엄성에 대한 깊은 이해와 더불어 예외 없이 모든 사람들에 대한 조건 없는 사랑을 베풀 수 있을 때, 그리고 참으로 실천하기 어렵겠지만 우리의 적敵이라 여겨지는 이를 특별하게 존경할 수 있을 때, 비폭력의 기술은 완성된다. 비폭력 정신으로 흑인인권운동을 주도했던 마르틴 루터 킹 목사는 인종차별도, 빈부차별도, 종교차별도 없는 세상을 꿈꾸었다. 그의 꿈이 언젠가는 실현되리라 믿는다. 우리도 모두가 하나가 되는 꿈을 꾼다. 가정에서, 학교에서, 사회에서, 나라에서, 모든 구성원들이 하나가 되는 꿈을 꾼다. 킹King 목사처럼 "I Have a Dream!"이라 외치면서 통일에의 꿈을 꾼다.

　비폭력의 방법으로 평화통일이 되면 우리나라가 전 세계에 보내는 희망의 메시지는 참으로 강력할 것이다. 우리민족이 보여주는 갈등해결의 지혜, 그 극적인 평화구현의 모범이 폭력에 찌든 인류에게 신선한 자극을 줄 것이다. 1919년 3월 1일, 일경日警의 죽창에 맞서서 비폭력으로 "대한독립만세!"를 외쳤던 조상들의 기개가 세상에 알려지면서 다른 나라에서도 독립에의 열정이 살아났던 것처럼, 미래의 통일한국은 세계평화운동에 크게 공헌할 것이다. 3·1운동의 비폭력 철학에 감동한 시성詩聖 타고르Tagore는 우리나라를 칭송하며 다음과 같은 희망적인 예언시豫言詩를 썼다. "아시아 빛나는 황금시대에 코리아는 그 빛을 밝힌 한 주인공이었다. 그 등불 다시금 켜지는 날 동방은 찬란히 온 누리를 밝히리."

나는 꿈이 있습니다.

희망과 절망
Hope & Desperation

실존주의의 선구자였던 덴마크의 철학자 키르케고르 Kierkegaard의 말대로 절망은 '죽음에 이르는 병'이다. 인간은 어떠한 도전에도 응전할 수 있는 강인한 정신력을 지니고 있음에도 불구하고, 스스로의 힘과 꿈을 포기하고 심지어는 삶까지 포기한다. 그러나 '절망의 삶으로부터 희망을 만들어 내는 것' creating hope from life of desperation은 불가능하지 않다. 아니, 절망스럽기에 오히려 열정적으로 희망의 싹을 키워갈 수 있다. 절박한 사태는 우리에게 투지를 불태울 수 있게 돕는다. 온실 안의 식물은 약하지만, 온실 밖에서는 비바람과 벌레들에 맞서 싸우면서 강해지는 것처럼! 물고기들이 양식장에서는 약하게 크지만, 바다에서는 포식자로부터 생명을 지키기 위해 민첩해지는 것처럼!

2차 세계대전을 승리로 이끌고, 노벨 문학상까지 받은 윈스턴 처칠의 Oxford 대학교 졸업식 축사는 너무도 유명하다. "절대로,

절대로, 절대로 포기하지 마라!" Never, Never, Never Give Up! 이 짧고도 강력한 한마디가 우리의 뇌리에서 사라지지 않기를! 아무리 어두운 상황에 처할지라도 지혜로운 이들은 결코 절망하지 않는다. 먹구름이 낀 날도, 비가 오는 날도, 태양은 여전히 빛나고 있음을 알기 때문이다. 오히려 역경을 발판으로 삼아 타인을 돕는 일에 투신하기도 한다. 같은 날 성폭행을 당한 두 여인의 이야기가 있다. 한 여인은 절망 끝에 자살을 선택하였고, 또 한 여인은 성폭행 당한 여인들을 도와주는 카운슬러가 되었다. 깊은 절망을 극복해 낸 사람은 절망에 잠긴 이들을 누구보다 잘 도울 수 있다.

똑같은 상황 앞에서 누구는 절망하고 누구는 희망한다. 누구는 세상을 부정적인 시각으로 바라보고 누구는 긍정적인 안목으로 바라본다. 누구는 비관주의로 일관하고 누구는 낙관주의로 일관한다. 우리의 인생은 선택의 연속이다. 어떠한 처지에서도 우리는 절망대신 희망을 선택할 수 있다. 시각, 청각, 언어의 3중 장애를 지녔던 헬렌 켈러는 꺾이지 않는 희망의 역할 모델이다. "사람들이 불가능하다고 수군댈 때 이미 그 불가능은 극복되었다."고 말한 이 놀라운 여인은 맹아학교를 거쳐 Harvard 대학을 졸업한 후 일생을 농아와 맹인을 돕는 데 바쳤다. 정상인보다 더 깊게 삶의 오묘함을 느끼면서 살아갔던 이 분은 불가능에 가까운 과업들을 눈물겹게 성취함으로써 인간정신의 위대한 승리를 인류역사에 안겨주었다.

정상인보다 장애인이 성공을 거두었을 때, 우리는 감동받는다. 우리나라 최초의 맹인박사 강영우님이 최근에 펴낸 성공 일대기, 「우리가 오르지 못할 산은 없다」의 일독을 권한다. 시각장애를 지닌 이 분이 이루어낸 성공을 정상인인 우리가 이루지 못할 리가 없다. 타인과의 성공경쟁에서 이기라는 뜻이 아니라, 자신과의 싸움에서 이기는 자에게 불가능은 없다는 뜻이다. 이 분의 생애와 이 분이 쓴 책들이 대한민국의 청소년들에게 큰 희망이 될 것을 의심치 않는다. 자살을 시도했을 정도로 깊은 절망을 겪었던 분이기에 더욱 그러하다. 절망을 이기는 정신력을 이 분으로부터 배운다면, 우리도 이 분처럼 기적을 일구어 낼 수 있을 뿐만 아니라, 세상의 "모든 것이 기적" Everything is a miracle. 임을 보게 될 것이다.

Time誌는 19세기의 인물로 Edison을, 20세기의 인물로 Einstein을 선정했다. 에디슨은 학습장애아였고 아인슈타인은 학습부진아였다. 두 분 모두 학습에 문제가 많았다는 사실은 성적 때문에 좌절하는 학생들에게 위안이 될 것이다. 살다보면 이겨내기 힘든 가혹한 순간들을 만난다. 그러나 빛은 어둠 속에서 빛나고, 영광은 고난 속에서 싹트는 법. 학업의 실패에도 불구하고 에디슨이나 아인슈타인처럼 자신의 잠재력을 꾸준히 개발하자. '인생은 단거리 아닌 마라톤'이라 생각하고, 수능의 결과와 관계없이 인류의 희망이 될 원대한 꿈을 꾸자. 꿈을 이루기 위해 땀을 쏟아야 하는 것은 물론이다. 에디슨의 말대로 "천재는 1%의 영감과 99%의 땀이다." Genius is 1 percent inspiration and 99 percent perspiration.

빛은 어둠 속에서 빛나고...